Sinnliches

ZIGARREN
SAMMLER
BUCH FÜR
AFICIONADOS

ISBN 978-3-8330-0065-2
© 2011 Überarbeitete Neuauflage.
Idee und Konzept, Text und Fotos: Alois Gmeiner
Gesamtlayout Buchcover und Buchblock: Alois Gmeiner
www.ideenmanufaktur.info
Herstellung und Verlag: Books on Demand GmbH

INHALT

VORWORT

Über Zigarren gibt es viele Bücher mit vielen gescheiten, aber auch weniger profunden Darlegungen über die Geschichte der Zigarre bis hin zu genauen Anweisungen, wie man sie raucht und vieles mehr. Ein Kompendium, die gerauchten eigenen Zigarren zu dokumentieren, sie zu beschreiben, wann und wie sie einem geschmeckt haben festzuhalten, ist sehr selten auf den Markt gekommen. Diese Lücke schließt das vorliegende „Zigarren-Sammler-Buch für Aficionados", das neben nützlichen Informationen in komprimierter Form ausreichende und übersichtliche Degustationsblätter präsentiert, die für die eigene Beschreibung und auch Bewertung einen großen Spielraum lassen. Ein Degustationsnotizbuch gewissermaßen, das für den Aficionado auch als Dokumentation dienen kann, wenn ein und dieselbe Zigarre aus verschiedenen Einkaufsquellen anders schmeckt als man sie bei anderer Gelegenheit schriftlich festgehalten hat. Gerade diese Erfahrung macht man leider sehr oft. Weinfreunde verwenden ähnlich gestaltete Tasting-Vorlagen schon lange.
Ich wünsche den Aficionados viele genussreiche Rauch-Erlebnisse und Rauchstunden, die mit diesem Kompendium sehr angenehm nachvollzogen werden können.

Dr. Helmut Romé
Herausgeber European Cigar Cult Journal

WARUM DIESES BUCH?

Eigentlich habe ich dieses Buch ja nur für mich alleine konzipiert und geschrieben. Es entstand aus einer echten Notsituation heraus. Ich weiß nicht, ob es Ihnen ähnlich ergeht. Man geht in ein Zigarrengeschäft oder surft im Internet. Man kauft einige Sorten, von denen einige sehr gut und einige weniger gut sind. Hin und wieder ist sogar ein echter Haupttreffer dabei. Wie auch immer, mir passiert dann jedes Mal Folgendes:

Ist die Zigarre geraucht, ist mein Hirn leer!

Es tut mir leid und man mag mich ja auch blöd schimpfen, aber ich vergesse halt leider all die tollen Zigarrenmarken und Formate nach kürzester Zeit. Jetzt könnte man ja sagen: „Na gut, mein Lieber, wenn du nichts im Hirn hast, dann schreib es dir halt beim nächsten Mal auf." – Ja danke, das habe ich auch schon gemacht. Aber da schreib´ ich mir dann mit meiner Sauklaue Format und Marke auf irgendeinen Zettel, der dann einige Wochen bei mir am Schreibtisch hängt, bis er von der nichts ahnenden Putzfrau irgendwann entfernt wird. Ganz zu Beginn meiner Zigarrenleidenschaft habe ich doch tatsächlich die Bauchbinden in die ersten (leeren) Seiten eines normalen Zigarrenbüchleins von *Anwer Bati* geklebt und mir daneben (ebenfalls mit Sauklaue) einige Infos zur gerauchten Zigarre aufgeschrieben. Das war aber auch nicht das Wahre!

Da kam mir eben die grandiose Idee mit diesem Zigarren-Sammler-Büchlein. Und siehe da, mittlerweile habe ich über 100 Zigarren selbst verkostet und bewertet. Das Buch steht fein säuberlich und griffbereit in meiner Bibliothek. Problem erkannt – Problem gelöst. Wie ich hoffe auch bei Ihnen!

ZIGARRENGESCHICHTE
Kurz & bündig

Zigarrenrauchen hat etwas Festliches.
In die Herstellung einer guten Zigarre gehen Qualität,
Handwerkskunst und Leidenschaft ein.
(Demi Moore)

Wissenschaftler lokalisierten den Ursprung der Tabakpflanze auf der Halbinsel Yucatán in Mexiko. Die Olmeken veredelten bereits 3000 Jahre v. Chr. die Tabakpflanze. Wann genau wurde die erste Zigarre geraucht? Niemand weiß es, aber es waren mit ziemlicher Sicherheit die Mayas, die Tabak für ihr Rauchzeremoniell verwendeten und von Mexiko aus das Zigarrenrauchen, aber auch das Rauchen von Tabak in Pfeifen (die berühmten Friedenspfeifen), an ihre südlichen und vor allem nördlichen Nachbarn weitergaben. Die erste weltweite Kunde von der Existenz der exotischen Pflanze brachte 1492 Kolumbus. Der Entdecker selbst war von der Sitte nicht wirklich begeistert, alsbald aber vor allem andere Seeleute, die der „rauchenden Sache" einiges an Genuss abgewinnen konnten. Wie viele neue Trends, so fand auch dieser Brauch bald den Weg von den Unterschichten zu den „besseren Kreisen". Es galt dann sehr schnell als Zeichen von Wohlstand, sich den blauen Dunst leisten zu können. Als die Spanier im 19. Jahrhundert aus Mexiko vertrieben wurden, siedelten sie sich auf den Karibikinseln und natürlich auf Kuba an. Sie erstellten eine See- und Zollblockade, so dass Mexiko vom Handelsweg nach Europa abgeschnitten wurde. Damit begann der Siegeszug der „Kubanischen Zigarre". In der Folge brachten die Handelsschiffe vor allem Tabakwaren aus Kuba und von anderen Inseln nach Europa, wodurch Mexiko das „verschollene Land des Tabaks" wurde.

ZIGARRENHANDWERK
Geheimnisvoll & zeitaufwendig

*Eine gut gemachte Zigarre vereint hohes Wissen, feines
Handwerk und uralte Tradition, um
einem einzigen Ziel zu huldigen – dem Genuss.*
(A. Gmeiner)

Ich möchte mich hier nicht über den komplizierten Anbau auslassen. Das überlasse ich anderen befähigteren Autoren. Nur so viel:
Es kann bis zu fünf Jahre dauern, bis aus einem Tabakblatt eine
Zigarre wird. Wie auch beim Wein hat der Geschmack des Endproduktes ursächlich mit dem Boden, dem Anbau, der Erntezeit
der Pflanze und seiner Weiterverarbeitung (der Fermentation) zu
tun. Das alles ist meist ein streng gehütetes Geheimnis der verschiedenen Zigarrenhersteller. Dass diese Hersteller ihr Handwerk
verstehen, davon gehe ich als Zigarrengenießer unbesehen aus.
Wichtiger für den Raucher von edlen Zigarren ist letztlich das Wissen um das Endprodukt.

Hier gilt es, grundsätzlich zwei Dinge zu unterscheiden:
Ist die Zigarre
A – handgemacht (Longfiller) oder
B – maschinell erzeugt (Shortfiller)

Von außen kaum zu sehen, ist der Unterschied dennoch beträchtlich. Alle Zigarren bestehen grundsätzlich aus drei Bestandteilen:

1.) DIE EINLAGE
Bei einer maschinell erzeugten Zigarre ist die Einlage meist Tabakbruch (also zerkleinerte Tabakteilchen). Käufer von solchen
Zigarren wollen immer den gleichen Geschmack „ihrer Zigarre".
Daher besteht die Einlage meist nicht aus einem Anbaugebiet,

sondern aus einer Mischung unterschiedlichster Provinienzen, um einen möglichst gleichbleibenden Geschmack zu erzielen.

Die Einlage einer handgemachten Zigarre ist immer so lang wie die gesamte Zigarre und wird aus ganzen Blättern so zusammengefügt, dass ein Kanal entsteht. Meist werden drei Arten von Blättern verwendet. In der Mitte der Einlage befinden sich die dunklen und vollmundigen *Ligero-Blätter* von der Spitze der Tabakpflanze, die mindestens drei Jahre lang reifen. *Seco-Blätter* sind heller und reifen nur etwa 18 Monate lang. Zum Schluss kommen noch die *Volado-Blätter*, die so gut wie keinen Geschmack haben, aber sehr gute Brandeigenschaften aufweisen. Sie reifen nur neun Monate lang und vollenden die Zigarreneinlage. Die Kunst der *Torcedores* (Zigarrenmacher) ist es nun, diese Blätter so zu rollen, dass sie einerseits formatgerecht und fest sind, andererseits aber auch dem Rauch Raum zur Entfaltung bieten und dadurch dem Raucher einen angenehmen Zug seiner Zigarre gewährleisten. Das kann – zumindest bisher – eben nur ein Mensch und daher sind maschinell gemachte Zigarren weniger angenehm zu rauchen, aber auch das ist reine Geschmackssache. Eine gute, maschinell gemachte Zigarre ist einer geschluderten und schlecht ziehenden handgemachten in jedem Fall vorzuziehen. Nicht zu vergessen sei dabei der nicht geringe Preisunterschied zwischen handgemachten und maschinell erzeugten Zigarren, den ja auch nicht jedermann zu jederzeit bereit ist zu bezahlen.

2.) DAS UMBLATT (*capote*)

Die Haupteigenschaft des Umblattes ist seine hohe Reiß- bzw. Zugfestigkeit. Es ist daher ideal als Schutzmantel für die Einlage geeignet und wird für gewöhnlich aus dem mittleren Teil der Tabakpflanze gewonnen. Bei maschinell gefertigten Zigarren kommt auch schon mal „normales Papier" als Umblatt zum Einsatz.

3.) DAS DECKBLATT (*capa*)

Das Deckblatt erfährt die ganze Aufmerksamkeit des Zigarren-produzenten. Es ist auch der wertvollste Teil der Pflanze. Meist aus dem unteren Teil. Es wird immer unter Tüllschleiern gezogen, um die Blätter nicht der vollen Sonneneinstrahlung auszusetzen. Das Deckblatt wird, getrennt von den anderen Blättern, fermentiert und nur unverletzte Blätter gelangen zu Deckblattehren. Für Sie als Aficionado ist es beim Kauf wichtig, sich das Deckblatt genau anzusehen. Hat es hervorstehende Blattadern oder ist es gar irgendwo eingerissen? Kein echter Zigarrenhändler sollte sich weigern, eine Zigarre mit kaputtem Deckblatt zurückzunehmen. Da Deckblätter in der Farbe variieren, sind sie auch im Geschmack unterschiedlich. Dunklere Blätter sind aromatischer und süßer als hellere.

Die Mischung aller drei Einzelteile ergibt eine in Farbe, Form und Geschmack individuelle Zigarre. Die Vielfalt ist nahezu unermesslich. Wo bei maschinell gefertigten Zigarren Gleichheit in Aussehen und Aroma angestrebt wird, sind handgemachte Zigarren Ausdruck ihres Schöpfers – des *Torcedore*. Hat er keinen guten Tag, dann merken Sie es sofort am Zugverhalten der Zigarre. Aber genau das macht eben eine gute, handgemachte Zigarre aus. Sie ist kein technisches Produkt und somit nicht immer gleich, sondern ein „lebendes Wesen" – wie es auch schon Zino Davidoff auszudrücken wusste. Eine Zigarre lebt und atmet auch nach ihrer Produktion weiter und erlebt, je nach Marke, nach 1 bis 5 Jahren ihren Höhepunkt und verblasst langsam aber stetig. Mein Tipp: Länger als 15 Jahre sollte man keine Zigarre aufbewahren. Sie bringen sich um den Genuss. Sammeln Sie – ganz im Sinne dieses Buches – BAUCHBINDEN, aber rauchen und genießen Sie Ihre Zigarre bald und notieren Sie sich nur die flüchtigen Geschmackserlebnisse, die sie Ihnen bescherte.

DIE FORMATE
GROSS & klein

Auch das ist wieder so eine Sache. Fast alle großen Marken machen es sich zum Sport, ein eigenes, einzigartiges Format zu kreieren. Daher gibt es unzählige Zwischen- und Übergrößen bei Zigarren, die meist genauso schnell wieder vom Markt verschwinden, wie sie gekommen sind.

Welches Format passt am besten zu Ihnen? Das müssen Sie schon selbst herausfinden. Ich z.B. finde alles unter einer Corona zu klein, denn da habe ich nichts in der Hand und das erinnert mich zu sehr an Zigaretten – Nix für mich. Jedoch eines gilt in jedem Fall: Je dicker eine Zigarre, umso feiner ist sie im Aroma und leichter zu rauchen.

Hier einige der bis heute gängigsten Größen:

Name	Ringmaß	Länge
Doppel-Corona	49	19,45 x 194 mm
Churchill	47	18,65 x 178 mm
Pyramide(Torpedo)	52	20,64 x 156 mm
Belicioso	52	20,64 x 140 mm
Robusto	50	19,84 x 124 mm
Lonsdale	42	16,67 x 165 mm
Große Corona	42	16,67 x 155 mm
Corona	42	16,67 x 140 mm
Kleine Corona	42	16,67 x 127 mm
Lange Panetela	38	15,08 x 192 mm
Kurze Panetela	26	10,32 x 114 mm
Demi Tasse	30	11,91 x 100 mm
Chico	29	11,51 x 106 mm

DIE FARBEN
Braun & schön

Öffnen Sie eine Zigarrenkiste und es wird Ihnen sofort auffallen, dass die darin verpackten Zigarren sorgfältig, ja fast pedantisch nach Farben sortiert sind. Farben weisen bei Zigarren auf deren Geschmack bzw. auf deren Stärke hin. Dunklere Farben haben meist etwas mehr Geschmack, sind aromareicher und auch etwas kräftiger. Obwohl auch hier meist bei der Zigarrenkomposition versucht wird, in der Einlage das auszugleichen, was im Deckblatt zu grün oder zu braun geraten ist. Echte *Oscuro* – also schwarze Zigarren – gibt es kaum mehr, obwohl sie um 1900 sehr beliebt waren. Zu Anfang des letzten Jahrhunderts führte die österreichische Tabakregie (sie sorgte für den Import von Rohtabak und Zigarren nach Österreich-Ungarn) in ihrem Tabakkatalog nicht weniger als 150(!) unterschiedliche Farbnuancen auf. Keine Angst, merken Sie sich nur die wichtigsten sieben Farbbezeichnungen!

Bezeichnung	Farbe	Bemerkung
° Oscuro	schwarz	starker Geschmack, wenig Duft – heute selten
° Maduro	schwarzbraun	kräftig, aromareich
° Maduro Colorado	dunkelbraun	mittelkräftig, duftig
° Colorado	mittelbraun	mittelkräftig aber aromareicher
° Colorado Claro	hellbraun	eine Spur leichter als Colorado
° Claro	tabakgelb	heute sehr beliebte Farbe – feines Aroma
° Claro Claro	grünlich braun	sehr leicht – süßlich

DER GESCHMACK
Tausend & eins

*Ich liebe den Geschmack. Ich liebe die ganze Zeremonie.
Die Spitze abschneiden. Die Zigarre zwischen meinen Fingern
hin- und herrollen. Auf das Deckblatt schauen. Sie anzünden.
Den Duft. Das Gefühl, das sich in meinem Körper ausbreitet.
Ich genieße die Zeit, die all das in Anspruch nimmt.
Es entspannt mich!*
(Gregory Hines)

Über Geschmack lässt sich nicht streiten. Trefflich streiten lässt sich aber über die Bezeichnungen für das Geschmeckte. Ist das Aroma der soeben angerauchten Punch tatsächlich harzig holzig oder nicht doch eher ein Kick von Zitrone und Brombeere? Vielleicht sogar alles zusammen! Im Folgenden möchte ich Ihnen einige Aromabezeichnungen ans Herz legen, die bisher in Zigarren „entdeckt" wurden. Aber vielleicht halten Sie es wie der berühmte Zigarrenproduzent (den Namen halten wir aus sofort ersichtlichen Gründen geheim) der meinte: „Also, ich habe in einer Zigarre noch nie Zimt geschmeckt, auch nicht Muskatnuss, Leder, Frucht oder Stroh – für mich schmecken Zigarren nach Zigarren – man soll sie nach der Fasson beurteilen, nach der Qualität des Tabaks und der Konsistenz Ihres Aufbaus."
Wie auch immer, hier einige Anhaltspunkte für Ihr privates Tasting.

ZIGARRENAROMEN

HOLZIG   =   Rauchig, Toast, gerösteter Kaffee, gebranntes Holz, harzig, Edelholz, Zeder, Eiche, Sandelholz

FRUCHTIG	=	Zitrus, Grapefruit, Brombeere, Himbeere, Erdbeere, schwarze Johannisbeere, Kirsche, Aprikose, Pfirsich, Apfel, Ananas, Honigmelone, Banane, Rosine, Dörrobst
KÜHL	=	Menthol, Kräuter, Rappen, Trester, frisches Gras, Eukalyptus, Minze
VEGETATIV	=	Grüner Paprika, grüne Bohnen, grüner Spargel, grüne Oliven, schwarze Oliven, Artischocke
GEWÜRZ	=	Anis, schwarzer Pfeffer, Gewürznelke, Muskat, Lakritze
BLUMIG	=	Geranie, Veilchen, Rosen, Orangenblüten, Heu, Stroh, Tee
NUSSIG	=	Walnüsse, Haselnüsse, Mandel
ERDIG	=	Erdig
KARAMELL	=	Honig, Karamell-Bonbon, buttrig, Schokolade
PHENOLISCH	=	Leder, Pferd, Vanille, Moschus

Jetzt noch einige Gerüche, nach denen Ihre Zigarre auf GAR KEINEN FALL duften sollte!

CHEMISCH	=	Schimmelig, Staub, Diesel, Benzin, Plastik, Teer, Gummi, faule Eier, nasse Wolle, gekochter Kohl, nasser Karton, und so weiter …
STECHEND	=	Fuselalkohol, Sorbinsäure, Fischgeruch, Methyl, Milchsäure, Schweiß, Buttersäure, Sauerkraut, Mäuseurin

DIE REGELN
Angst & Schrecken

Ich genieße das Zeremoniell mir eine Zigarre anzuzünden,
mich zu vergewissern, ob sie richtig brennt und sie mit anderen
zu vergleichen. Das ist so beruhigend. Schon die Haltung:
Man legt den Kopf zurück und lässt sich einfach treiben.
Mein ganzer Körper entspannt sich, wenn ich eine Zigarre rauche.
Ich bin gleich viel gelassener.
(Ben Gazzara)

Genau diese Gelassenheit sollten einige eingefleischte Zigarren-fans bei der Einhaltung gewisser Zigarrenregeln walten lassen, um Neueinsteiger nicht zu verunsichern. Wie oft habe ich von Freun-den (die ich sogar zur Zigarre gebracht habe) hören müssen: „Du beißt die Zigarrenspitze einfach mit den Zähnen ab ... Das ist ja barbarisch!" – „OK, aber wenn ich gerade keinen Zigarrenschnei-der dabei habe, dann ist das halt die einfachste Methode!" Meine Meinung: Machen Sie keine Wissenschaft aus dem Zigarrenrau-chen. Sie sollten Stress loswerden und nicht zusätzlichen erzeu-gen, durch so unwichtige Dinge, wie z.B. Bauchbinde rauf oder runter ... Aber wo wir gerade dabei sind. Hier einige Antworten auf Fragen, die Sie sich vielleicht schon oft mit „Angst und Schrecken" gestellt haben.

DAS EINSCHNEIDEN

Es gibt grundsätzlich drei Methoden für das Öffnen einer Zigarre:
1.) Mit einem Instrument (Dieses sollte dafür geeignet sein, also bitte kein Taschenmesser und auch keine Nagelschere verwenden!)
2.) Mit dem Fingernagel (einfach einen Schnitt einritzen)
3.) Mit den Zähnen

Der ersten Methode ist der klare Vorzug zu geben, da es bei richtiger Handhabung keine Tabakreste im Mund gibt und der Schnitt sauber und gerade ist. Aber – wie oben bereits erwähnt – nicht immer hat man ein geeignetes Instrument bei der Hand, daher sind auch die beiden anderen Methoden möglich.

Öffnen Sie nur den obersten Teil des „Kopfes" der Zigarre und nur so viel, dass der Rauch reichlich aber nicht überreichlich strömt.

DAS ANZÜNDEN

Alle komplizierten Methoden des Anzündens sind affektiertes
Getue, reiner Firlefanz!
(Zino Davidoff)

In vielen gehobenen Restaurants wird es immer noch vom Oberkellner zelebriert. Das Anwärmen der Zigarre vor dem eigentlichen Anzünden. Die ganze Länge der Zigarre wird über einer Kerze oder einem Streichholz hin und her geschaukelt. Da wähnt man sich natürlich in kundigen Händen. Weit gefehlt! Hier sind Sie Zeuge eines jener vielen Fehler, die aus den durchaus sinnvollen Tätigkeiten der Vergangenheit herrühren, die aber heute keinen Sinn mehr haben. Denn früher wurden die Deckblätter der Zigarren mit Tragamtgummi angeklebt, der mit Zichorie gefärbt war. Man eliminierte den Fremdgeschmack des Klebers einfach durch Erwärmen. Heute ist das nicht mehr notwendig. Nächster Hinweis, der früher durchaus seine Berechtigung hatte: Verwenden Sie um Himmelswillen kein Benzinfeuerzeug. Warum eigentlich nicht, wo wir heute ausschließlich Feuerzeugbenzin benutzen, das ohne nennenswerte Geruchs- oder gar Geschmacksrückstände verbrennt. Früher wurden Sturmfeuerzeuge mit allem Möglichen befüllt und meistens mit Autobenzin, was man dann auch roch.

Also benutzen Sie ruhig alles was brennt, außer Petroleumflammen, Schwefel- oder Wachszündhölzer.

Wie zündet man sich nun fachgerecht eine Zigarre an?
Ganz einfach:

Nehmen Sie die Zigarre in den Mund. Halten Sie die Zigarre ein wenig schräg nach unten. Die Flamme wird nun zum Zigarrenende geführt – etwa einen Zentimeter unterhalb des Zigarrenendes. Nun dreht man die Zigarre langsam über der Flamme, während man die ersten kleinen Züge macht. Das Zigarrenende sollte rundherum vollständig zum Glühen gebracht werden und gleichmäßig glimmen. Fertig! Sollte die Zigarre während des Rauchens ausgehen, dürfen Sie sie – wie oben beschrieben – wieder anzünden. Allerdings sollten Sie vorher die Asche vom Zigarrenende abstreifen. Ist die Zigarre schon zu mehr als zwei Drittel geraucht, dann sollte man sie allerdings „in Ruhe" lassen.

DIE BAUCHBINDE

Rauf oder runter – das ist die Frage. Ist es wirklich eine Frage? Ich finde, mit solchen Kinkerlitzchen sollte sich ein Aficionado nun wirklich nicht herumschlagen müssen. Halten Sie es, wie Sie es wollen. Dem Rauchen schadet's nicht, egal wie Sie sich entscheiden. Achten Sie nur darauf, dass das empfindliche Deckblatt beim Abstreifen der Bauchbinde nicht beschädigt wird, dann ist nämlich der Rauchgenuss jäh zu Ende.

Ach ja, vergessen Sie nicht, die Bauchbinde aufzubewahren und Sie unverzüglich (noch mit den frischen Aromaerlebnissen) in dieses Buch einzukleben und Ihre Notizen zur Zigarre zu machen.

DER AKT DES RAUCHENS

Ich bitte Sie: Rauchen Sie langsam mit Ruhe und Würde!
Die Zigarre und Eile – das verträgt sich nicht!
(Zino Davidoff)

Das ist vielleicht der wichtigste Rat, den man Ihnen in unserer hektischen Zeit geben kann. Sonst haben Sie nämlich auch von der teuersten Zigarre am Ende nur eines – Asche. Aber das Rauchen soll Ihnen vor allem eines bringen: Muse und Entspannung. Die meisten Zigarrenliebhaber berichten einhellig von der Entspannung als wichtigsten Vorteil des Zigarrenrauchens. Bringen Sie sich nicht um diesen höchsten Gipfel.

Ich gestehe jedem freimütig: „Ja, ich bin Nichtraucher!" Ich war auch tatsächlich noch nie in meinem Leben Raucher – Zigarettenraucher. Mir ist das hektische „Zu-jeder-Tages-und-Nachtzeit-rauchen-Müssen" zuwider. Außerdem möchte ich mich nicht in denselben Topf wie die ungezählten Massen an Zigarettenkettenrauchern werfen lassen. Zigarette und Zigarre sind so unterschiedlich wie Traubensaft und Wein. Es ist dasselbe Ausgangsmaterial – but that's it!

Daher mein Tipp:
1.) Rauchen Sie in Ruhe und nicht in Hektik!
2.) Rauchen Sie nicht bei windigem Wetter auf einem Spaziergang!
3.) Widmen Sie Ihrer Zigarre Aufmerksamkeit. Sie ist meist auch zu teuer, um sie nur nebenher zu genießen!

DIE ASCHE

Man glaubt es kaum, aber auch die Asche wurde bei der Zigarre thematisiert. Soll man sie dranlassen bis sie von selbst abfällt oder sollte man sie abklopfen ... oder weiß der ...?
Zino Davidoff schreibt in seinem Zigarren-Brevier: „Denken Sie nicht zuviel an die Asche. Die Chance, dass sie Ihnen je von Nutzen sein könnte, ist sehr gering – es sei denn, Sie gerieten in die Lage jenes englischen Gentleman, von dem eine Verrückte behauptete, er habe sie belästigt: Er zeigte dem Policeman die lange Asche an seiner Zigarre und bewies allein damit seine Unschuld." Tja, so steht es geschrieben. Dem ist nichts mehr hinzuzufügen.

DAS ZIGARRENETUI

Seien Sie sorgsam beim Transport Ihrer Zigarren. Stecken Sie sie nicht einfach in Ihre Jackentasche, denn damit ist das Unglück vorprogrammiert. Ein geeignetes Zigarrenetui sollte steif sein, um ein Verbiegen der Zigarren zu vermeiden. Es sollte auch geruchsneutral sein (wichtig bei Lederetuis). Achten Sie beim Kauf darauf, dass auch größere Formate darin Platz haben, sonst frustriert Sie der Kauf schneller als Sie rauchen können.

DER HUMIDOR

Ich bin kein Humidorvertreter. Die Fachgeschäfte sind seit einigen Jahren voll von geeigneten Gerätschaften, die meistens – meistens – ihren Zweck erfüllen. Ob Humidor oder nicht, grundsätzlich ist zu sagen: Lagern Sie Ihre Zigarren lichtgeschützt und relativ warm bei 18° C – 22° C und einer Luftfeuchtigkeit von ca. 72%. Wenn Zigarren zu trocken liegen, verlieren sie schnell an Geschmack.

EIN ZIGARRENABEND MIT FREUNDEN

Dieses Büchlein gibt Ihnen (und Ihren Freunden) die Möglichkeit, gemeinsam Wertungen über Zigarren zu überprüfen. Geschmäcker sind verschieden. Was liegt also näher, als diese unterschiedlichen Wahrnehmungen aufzuschreiben und vielleicht auf neue und ungewöhnliche Geschmacks- und Aromaempfindungen zu stoßen. Verwenden Sie dieses Büchlein als Erinnerungsalbum für Ihre Geschmacks- und Geruchsnerven.

Mein Tipp:
Rauchen Sie an einem Abend nicht mehr als 2 bis 3 Zigarren und halten Sie Ihre „Erlebnisse" in diesem Buch fest. Wenn Sie solche Zigarrenabende öfter einberufen, dann werden Sie eines ganz gewiss bemerken: Ihre Geschmacksempfindungen und auch Ihr sprachlicher Ausdruck für das „Gerochene und Geschmeckte" werden reicher und feiner werden. Sie werden mit der Zeit Geruchskomponenten und Geschmacksnuancen in Zigarren bemerken, die Ihnen bisher verborgen geblieben sind.

Aber Achtung!

Genau dann sind Sie für immer dem Genuss und dem Aroma einer guten Zigarre erlegen. Bedingungslos.

HOW TO DO

Gehen wir einmal die einzelnen Punkte der Bewertungsseite durch, damit Sie auch genau verstehen, was gemeint ist und Sie die Seite auch richtig handhaben.

Zigarrenmarke
z.B. Santa Clara, oder Macanudo, oder Punch, etc.
Am besten notieren Sie auch den Namen,
z.B. Belicoso, Duke of Devon, No 4, Double Corona, etc.

Land
Mexiko, Dominikanische Republik oder Kuba, etc.

Preis
Kaufpreis

Verarbeitung
Hier haben wir die erste Klassifizierung in Sternen, wobei ein Stern schlecht und fünf Sterne ausgezeichnet darstellen. Bei der Verarbeitung zählt der Gesamteindruck der Optik, der erste, wie auch der letzte Eindruck (z.B. nach Aufbrechen der gerauchten Zigarre, um die Verarbeitung zu beurteilen). Diese Bewertungspunkte sind eher etwas für Spezialisten, die es ganz genau nehmen.

Longfiller – Shortfiller
Einfach ankreuzen, ob Long- oder Shortfiller. Wenn alle Stricke reißen, dann die Zigarre nach dem Rauchen einfach aufbrechen und da sieht man es am besten.

Zugverhalten
Wie verhält sich die Zigarre nach dem Anrauchen. Meist bemerkt man guten oder schlechten Zug mit dem ersten Ansaugen der

Luft oder nach dem Öffnen der Zigarre. Schlechter Zug lässt die Zigarre oft ausgehen und kostet viel Kraft – das Rauchen macht keinen Spaß. Aber auch ein zu schneller Zug kann den Genuss verdrießen – die Zigarre wird zu heiß.

Geschmack / Aroma

Geschmack: Was bemerken Sie, wenn der Rauch Ihre Mundhöhle füllt? Jede Geschmacksnuance ist wichtig, denn sie trägt zur Charakteristik der Zigarre bei.
Aroma: Der Rauch einer Zigarre ist seine Seele. Der Geruch einer Zigarre und sein unverwechselbares Aroma sind mit einer Zigarette nicht im Geringsten zu vergleichen. Auch hier gibt es unzählige Varianten, die von Land, Marke und Machart der Zigarre abhängig sind.

Geschmack-Gesamt

Für die schnelle Bewertung hier wieder Sterne
von eins bis fünf

Aroma-Gesamt

Wieder eine Kurzbewertung des Geruchs mit Sternen

Stärke

Ist die Zigarre sehr leicht oder stark? Einfach ankreuzen!

Gesamt- bzw. Eigenbewertung

Der Gesamteindruck aller oben genannten Kriterien subsumiert in einer Bewertungszeile von eins bis fünf

Eigen 2

Hier kann ein/e Freund/in seine/ihre Bewertung abgeben, oder Sie selbst beurteilen einige Zeit nach der ersten Überprüfung die Zigarren nochmals. Vielleicht ergibt sich ja ein anderes Bild.

Preis/Leistung

Ihre Geschmacks-, Aroma- oder auch Gesamtbewertung einer Zigarre können durchaus von der Bewertung der Preis/Leistung abweichen. Wenn eine kubanische Zigarre für 20,- Euro/Stk. zwar „ganz gut" ist, aber eben für das, was sie bietet, einen Haufen Geld kostet und daher nur zwei Sterne bekommt, dann kann bei der Preis/Leistung eine mexikanische Zigarre für 5,- Euro durchaus
*****Sterne verdienen.

Bauchbinde

Ganz unten auf der Seite finden Sie auch Raum für das Einkleben der jeweiligen Bauchbinde.

Mein Urteil

Sie entscheiden. Ich notiere mir hier immer in ein oder zwei Worten mein Resümee – also z.B.:

TOLL!!!

oder

ZU TEUER!!

oder

VORRAT ANLEGEN

Denn genau dafür habe ich dieses Buch geschrieben, damit ich Fundstücke und Flops lokalisieren kann und ich tolle Zigarren immer wieder nachkaufen kann. Denn ich merke mir zwar hin und wieder die Marken, aber beim besten Willen nicht die genauen Namen bzw. Formate.

Ach ja! Wenn Sie – so wie ich – ein impulsiver und ungeduldiger Zeitgenosse sind, dann wird Ihnen das Ausfüllen „aller" Zeilen ziemlich langwierig vorkommen.

Wenn Sie nicht wollen, dann machen Sie es auch nicht.

Mein Tipp:
Kleben Sie nur die Bauchbinde ein. Schreiben Sie sich das Format und den Preis auf. Bewerten Sie es z.B. nur nach dem Preis-Leistungsverhältnis oder schreiben Sie nur das auf, was Ihnen daran NICHT gefallen hat. Sie haben aber auch die Möglichkeit, nur Ihre Geschmacks- und Geruchsassoziationen festzuhalten.

Wie auch immer es ihnen beliebt.
Die vorgedruckten Bewertungsseiten sind nur Vorschläge für Ihre eigenen Bewertungen und sollen Sie in keinster Weise in ein bestimmtes, vorgefertigtes Schema pressen. Denn das wäre ja genau das, was ein Zigarrenraucher auf keinen Fall möchte – ein vorgefertigtes Produkt.

Viel Spaß beim ZIGARREN-SAMMELN!

ZIGARRENMARKE: ....

FORMAT: ....

PREIS: ....

LAND: ....

VERARBEITUNG: *   **   ***   ****   *****

                       O Longfiller O Shortfiller   O ....

Zugverhalten: *   **   ***   ****   *****

Geschmack / Aroma:

Geschmack-Gesamt: *   **   ***   ****   *****

Aroma-Gesamt: *   **   ***   ****   *****

Stärke: O leicht   O mittel   O stärker   O sehr stark

GESAMTBEWERTUNG:

Eigenbewertung: *   **   ***   ****   *****

Eigen 2:   *   **   ***   ****   *****

Preis/Leistung: *   **   ***   ****   *****

MEIN URTEIL:

BAUCHBINDE

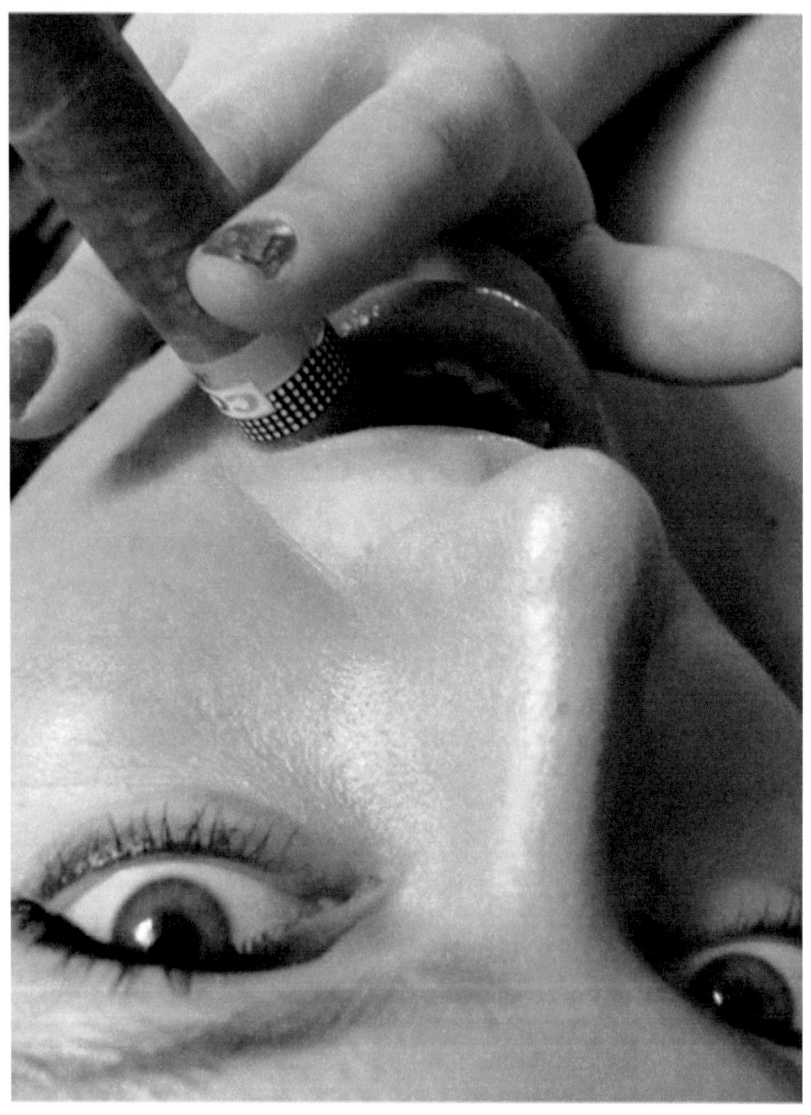

ZIGARRENMARKE: ....

FORMAT: ....

PREIS: ....

LAND: ....

VERARBEITUNG: *   **   ***   ****   *****

           O Longfiller O Shortfiller   O ....

Zugverhalten: *   **   ***   ****   *****

Geschmack / Aroma:

Geschmack-Gesamt: *   **   ***   ****   *****

Aroma-Gesamt: *   **   ***   ****   *****

Stärke: O leicht   O mittel   O stärker   O sehr stark

GESAMTBEWERTUNG:

Eigenbewertung: *   **   ***   ****   *****

Eigen 2:   *   **   ***   ****   *****

Preis/Leistung: *   **   ***   ****   *****

MEIN URTEIL:

BAUCHBINDE

ZIGARRENMARKE: ....

FORMAT: ....

PREIS: ....

LAND: ....

VERARBEITUNG: *   **   ***   ****   *****

                O Longfiller O Shortfiller   O ....

Zugverhalten: *   **   ***   ****   *****

Geschmack / Aroma:

Geschmack-Gesamt: *   **   ***   ****   *****

Aroma-Gesamt: *   **   ***   ****   *****

Stärke: O leicht   O mittel   O stärker   O sehr stark

GESAMTBEWERTUNG:

Eigenbewertung: *   **   ***   ****   *****

Eigen 2:   *   **   ***   ****   *****

Preis/Leistung: *   **   ***   ****   *****

MEIN URTEIL:

BAUCHBINDE

ZIGARRENMARKE: ....

FORMAT: ....

PREIS: ....

LAND: ....

VERARBEITUNG: *   **   ***   ****   *****

                    O Longfiller O Shortfiller   O ....

Zugverhalten: *   **   ***   ****   *****

Geschmack / Aroma:

Geschmack-Gesamt: *   **   ***   ****   *****

Aroma-Gesamt: *   **   ***   ****   *****

Stärke: O leicht   O mittel   O stärker   O sehr stark

GESAMTBEWERTUNG:

Eigenbewertung: *   **   ***   ****   *****

Eigen 2:   *   **   ***   ****   *****

Preis/Leistung: *   **   ***   ****   *****

MEIN URTEIL:

BAUCHBINDE

ZIGARRENMARKE: ....

FORMAT: ....

PREIS:...

LAND: ....

VERARBEITUNG: *   **   ***   ****   *****

                               O Longfiller O Shortfiller   O ....

Zugverhalten: *   **   ***   ****   *****

Geschmack / Aroma:

Geschmack-Gesamt: *   **   ***   ****   *****

Aroma-Gesamt: *   **   ***   ****   *****

Stärke: O leicht   O mittel   O stärker   O sehr stark

GESAMTBEWERTUNG:

Eigenbewertung: *   **   ***   ****   *****

Eigen 2:   *   **   ***   ****   *****

Preis/Leistung: *   **   ***   ****   *****

MEIN URTEIL:

BAUCHBINDE

ZIGARRENMARKE: ....

FORMAT: ....

PREIS: ....

LAND: ....

VERARBEITUNG: *   **   ***   ****   *****

O Longfiller O Shortfiller   O ....

Zugverhalten: *   **   ***   ****   *****

Geschmack / Aroma:

Geschmack-Gesamt: *   **   ***   ****   *****

Aroma-Gesamt: *   **   ***   ****   *****

Stärke: O leicht   O mittel   O stärker   O sehr stark

GESAMTBEWERTUNG:

Eigenbewertung: *   **   ***   ****   *****

Eigen 2:   *   **   ***   ****   *****

Preis/Leistung: *   **   ***   ****   *****

MEIN URTEIL:

BAUCHBINDE

ZIGARRENMARKE: ....

FORMAT: ....

PREIS: ....

LAND: ....

VERARBEITUNG: *   ** *** **** *****

                 O Longfiller O Shortfiller   O ....

Zugverhalten: *   ** *** **** *****

Geschmack / Aroma:

Geschmack-Gesamt: *   ** *** **** *****

Aroma-Gesamt: *   ** *** **** *****

Stärke: O leicht   O mittel   O stärker   O sehr stark

GESAMTBEWERTUNG:

Eigenbewertung: *   ** *** **** *****

Eigen 2:   *   ** *** **** *****

Preis/Leistung: *   ** *** **** *****

MEIN URTEIL:

BAUCHBINDE

ZIGARRENMARKE: ....

FORMAT: ....

PREIS:..

LAND: ....

VERARBEITUNG: *   **   ***   ****   *****

                        O Longfiller O Shortfiller   O ....

Zugverhalten: *   **   ***   ****   *****

Geschmack / Aroma:

Geschmack-Gesamt: *   **   ***   ****   *****

Aroma-Gesamt: *   **   ***   ****   *****

Stärke: O leicht   O mittel   O stärker   O sehr stark

GESAMTBEWERTUNG:

Eigenbewertung: *   **   ***   ****   *****

Eigen 2:   *   **   ***   ****   *****

Preis/Leistung: *   **   ***   ****   *****

MEIN URTEIL:

BAUCHBINDE

ZIGARRENMARKE: ....

FORMAT: ....

PREIS: ....

LAND: ....

VERARBEITUNG: *   **   ***   ****   *****

                     O Longfiller   O Shortfiller   O ....

Zugverhalten: *   **   ***   ****   *****

Geschmack / Aroma:

Geschmack-Gesamt: *   **   ***   ****   *****

Aroma-Gesamt: *   **   ***   ****   *****

Stärke: O leicht   O mittel   O stärker   O sehr stark

GESAMTBEWERTUNG:

Eigenbewertung: *   **   ***   ****   *****

Eigen 2:   *   **   ***   ****   *****

Preis/Leistung: *   **   ***   ****   *****

MEIN URTEIL:

BAUCHBINDE

ZIGARRENMARKE: ....

FORMAT: ....

PREIS: ....

LAND: ....

VERARBEITUNG: *   **   ***   ****   *****

                   O Longfiller   O Shortfiller   O ....

Zugverhalten: *   **   ***   ****   *****

Geschmack / Aroma:

Geschmack-Gesamt: *   **   ***   ****   *****

Aroma-Gesamt: *   **   ***   ****   *****

Stärke: O leicht   O mittel   O stärker   O sehr stark

GESAMTBEWERTUNG:

Eigenbewertung: *   **   ***   ****   *****

Eigen 2:   *   **   ***   ****   *****

Preis/Leistung: *   **   ***   ****   *****

MEIN URTEIL:

BAUCHBINDE

ZIGARRENMARKE: ....

FORMAT: ....

PREIS: ....

LAND: ....

VERARBEITUNG: *   **   ***   ****   *****

O Longfiller O Shortfiller   O ....

Zugverhalten: *   **   ***   ****   *****

Geschmack / Aroma:

Geschmack-Gesamt: *   **   ***   ****   *****

Aroma-Gesamt: *   **   ***   ****   *****

Stärke: O leicht   O mittel   O stärker   O sehr stark

GESAMTBEWERTUNG:

Eigenbewertung: *   **   ***   ****   *****

Eigen 2:   *   **   ***   ****   *****

Preis/Leistung: *   **   ***   ****   *****

MEIN URTEIL:

BAUCHBINDE

ZIGARRENMARKE: ....

FORMAT: ....

PREIS: ....

LAND: ....

VERARBEITUNG: *   **   ***   ****   *****

                O Longfiller O Shortfiller   O ....

Zugverhalten: *   **   ***   ****   *****

Geschmack / Aroma:

Geschmack-Gesamt: *   **   ***   ****   *****

Aroma-Gesamt: *   **   ***   ****   *****

Stärke: O leicht   O mittel   O stärker   O sehr stark

GESAMTBEWERTUNG:

Eigenbewertung: *   **   ***   ****   *****

Eigen 2:   *   **   ***   ****   *****

Preis/Leistung: *   **   ***   ****   *****

MEIN URTEIL:

BAUCHBINDE

ZIGARRENMARKE: ....

FORMAT: ....

PREIS: ....

LAND: ....

VERARBEITUNG: *   **   ***   ****   *****

  O Longfiller   O Shortfiller   O ....

Zugverhalten: *   **   ***   ****   *****

Geschmack / Aroma:

Geschmack-Gesamt: *   **   ***   ****   *****

Aroma-Gesamt: *   **   ***   ****   *****

Stärke: O leicht   O mittel   O stärker   O sehr stark

GESAMTBEWERTUNG:

Eigenbewertung: *   **   ***   ****   *****

Eigen 2:   *   **   ***   ****   *****

Preis/Leistung: *   **   ***   ****   *****

MEIN URTEIL:

BAUCHBINDE

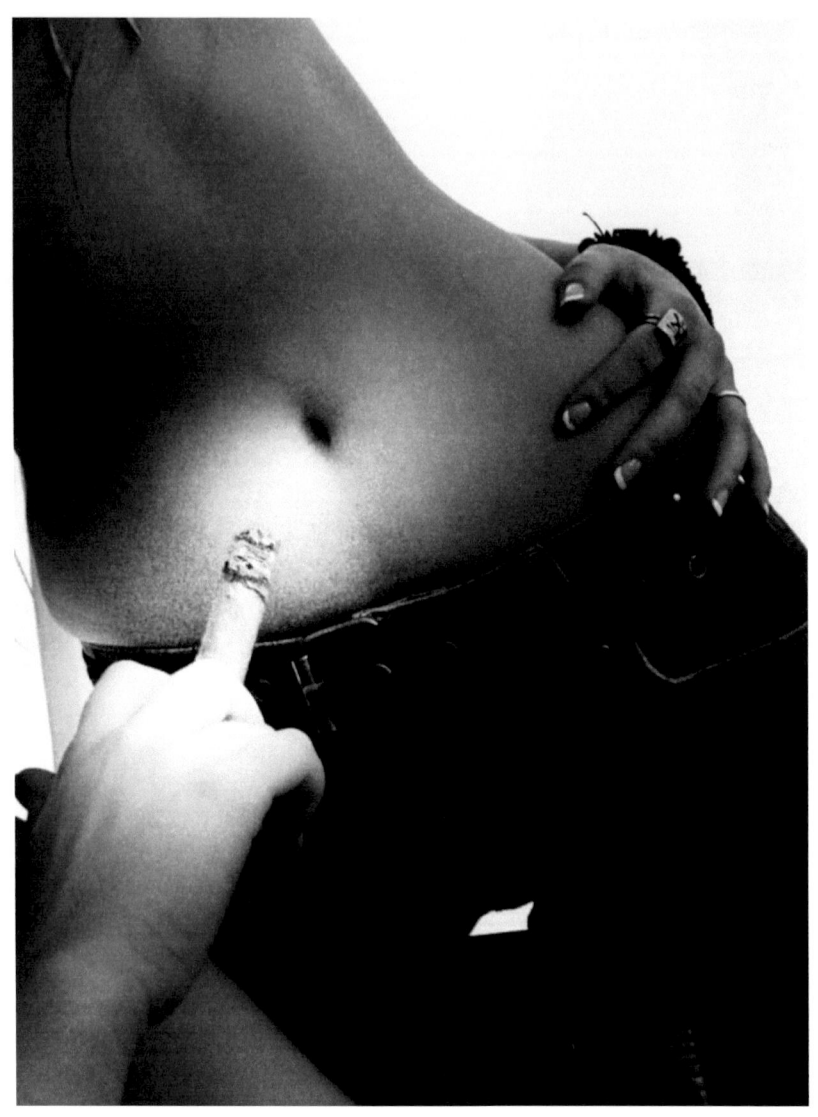

ZIGARRENMARKE: ....

FORMAT: ....

PREIS: ....

LAND: ....

VERARBEITUNG: *   **   ***   ****   *****

                      O Longfiller   O Shortfiller   O ....

Zugverhalten: *   **   ***   ****   *****

Geschmack / Aroma:

Geschmack-Gesamt: *   **   ***   ****   *****

Aroma-Gesamt: *   **   ***   ****   *****

Stärke: O leicht   O mittel   O stärker   O sehr stark

GESAMTBEWERTUNG:

Eigenbewertung: *   **   ***   ****   *****

Eigen 2:   *   **   ***   ****   *****

Preis/Leistung: *   **   ***   ****   *****

MEIN URTEIL:

BAUCHBINDE

ZIGARRENMARKE: ....

FORMAT: ....

PREIS: ....

LAND: ....

VERARBEITUNG: *   **   ***   ****   *****

                   O Longfiller O Shortfiller   O ....

Zugverhalten: *   **   ***   ****   *****

Geschmack / Aroma:

Geschmack-Gesamt: *   **   ***   ****   *****

Aroma-Gesamt: *   **   ***   ****   *****

Stärke: O leicht   O mittel   O stärker   O sehr stark

GESAMTBEWERTUNG:

Eigenbewertung: *   **   ***   ****   *****

Eigen 2:   *   **   ***   ****   *****

Preis/Leistung: *   **   ***   ****   *****

MEIN URTEIL:

BAUCHBINDE

ZIGARRENMARKE: ....

FORMAT: ....

PREIS: ....

LAND: ....

VERARBEITUNG: *   **   ***   ****   *****

                   O Longfiller O Shortfiller   O ....

Zugverhalten: *   **   ***   ****   *****

Geschmack / Aroma:

Geschmack-Gesamt: *   **   ***   ****   *****

Aroma-Gesamt: *   **   ***   ****   *****

Stärke: O leicht   O mittel   O stärker   O sehr stark

GESAMTBEWERTUNG:

Eigenbewertung: *   **   ***   ****   *****

Eigen 2:   *   **   ***   ****   *****

Preis/Leistung: *   **   ***   ****   *****

MEIN URTEIL:

BAUCHBINDE

ZIGARRENMARKE: ....

FORMAT: ....

PREIS: ....

LAND: ....

VERARBEITUNG: *   **   ***   ****   *****

O Longfiller O Shortfiller   O ....

Zugverhalten: *   **   ***   ****   *****

Geschmack / Aroma:

Geschmack-Gesamt: *   **   ***   ****   *****

Aroma-Gesamt: *   **   ***   ****   *****

Stärke: O leicht   O mittel   O stärker   O sehr stark

GESAMTBEWERTUNG:

Eigenbewertung: *   **   ***   ****   *****

Eigen 2:   *   **   ***   ****   *****

Preis/Leistung: *   **   ***   ****   *****

MEIN URTEIL:

BAUCHBINDE

ZIGARRENMARKE: ....

FORMAT: ....

PREIS: ....

LAND: ....

VERARBEITUNG: *   **   ***   ****   *****

  O Longfiller   O Shortfiller   O ....

Zugverhalten: *   **   ***   ****   *****

Geschmack / Aroma:

Geschmack-Gesamt: *   **   ***   ****   *****

Aroma-Gesamt: *   **   ***   ****   *****

Stärke: O leicht   O mittel   O stärker   O sehr stark

GESAMTBEWERTUNG:

Eigenbewertung: *   **   ***   ****   *****

Eigen 2:   *   **   ***   ****   *****

Preis/Leistung: *   **   ***   ****   *****

MEIN URTEIL:

BAUCHBINDE

ZIGARRENMARKE: ....

FORMAT: ....

PREIS: ....

LAND: ....

VERARBEITUNG: *   **   ***   ****   *****

                   O Longfiller O Shortfiller   O ....

Zugverhalten: *   **   ***   ****   *****

Geschmack / Aroma:

Geschmack-Gesamt: *   **   ***   ****   *****

Aroma-Gesamt: *   **   ***   ****   *****

Stärke: O leicht   O mittel   O stärker   O sehr stark

GESAMTBEWERTUNG:

Eigenbewertung: *   **   ***   ****   *****

Eigen 2:   *   **   ***   ****   *****

Preis/Leistung: *   **   ***   ****   *****

MEIN URTEIL:

BAUCHBINDE

ZIGARRENMARKE: ....

FORMAT: ....

PREIS: ....

LAND: ....

VERARBEITUNG: *   **   ***   ****   *****

O Longfiller O Shortfiller   O ....

Zugverhalten: *   **   ***   ****   *****

Geschmack / Aroma:

Geschmack-Gesamt: *   **   ***   ****   *****

Aroma-Gesamt: *   **   ***   ****   *****

Stärke: O leicht   O mittel   O stärker   O sehr stark

GESAMTBEWERTUNG:

Eigenbewertung: *   **   ***   ****   *****

Eigen 2:   *   **   ***   ****   *****

Preis/Leistung: *   **   ***   ****   *****

MEIN URTEIL:

BAUCHBINDE

ZIGARRENMARKE: ....

FORMAT: ....

PREIS: ....

LAND: ....

VERARBEITUNG: *   **   ***   ****   *****

                          O Longfiller O Shortfiller   O ....

Zugverhalten: *   **   ***   ****   *****

Geschmack / Aroma:

Geschmack-Gesamt: *   **   ***   ****   *****

Aroma-Gesamt: *   **   ***   ****   *****

Stärke: O leicht   O mittel   O stärker   O sehr stark

GESAMTBEWERTUNG:

Eigenbewertung: *   **   ***   ****   *****

Eigen 2:   *   **   ***   ****   *****

Preis/Leistung: *   **   ***   ****   *****

MEIN URTEIL:

BAUCHBINDE

ZIGARRENMARKE: ....

FORMAT: ....

PREIS: ....

LAND: ....

VERARBEITUNG: *   **   ***   ****   *****

O Longfiller O Shortfiller   O ....

Zugverhalten: *   **   ***   ****   *****

Geschmack / Aroma:

Geschmack-Gesamt: *   **   ***   ****   *****

Aroma-Gesamt: *   **   ***   ****   *****

Stärke: O leicht   O mittel   O stärker   O sehr stark

GESAMTBEWERTUNG:

Eigenbewertung: *   **   ***   ****   *****

Eigen 2: *   **   ***   ****   *****

Preis/Leistung: *   **   ***   ****   *****

MEIN URTEIL:

BAUCHBINDE

ZIGARRENMARKE: ....

FORMAT: ....

PREIS: ....

LAND: ....

VERARBEITUNG: *   **   ***   ****   *****

                       O Longfiller O Shortfiller   O ....

Zugverhalten: *   **   ***   ****   *****

Geschmack / Aroma:

Geschmack-Gesamt: *   **   ***   ****   *****

Aroma-Gesamt: *   **   ***   ****   *****

Stärke: O leicht   O mittel   O stärker   O sehr stark

GESAMTBEWERTUNG:

Eigenbewertung: *   **   ***   ****   *****

Eigen 2: *   **   ***   ****   *****

Preis/Leistung: *   **   ***   ****   *****

MEIN URTEIL:

BAUCHBINDE

ZIGARRENMARKE: ....

FORMAT: ....

PREIS: ....

LAND: ....

VERARBEITUNG: *   **   ***   ****   *****

O Longfiller O Shortfiller   O ....

Zugverhalten: *   **   ***   ****   *****

Geschmack / Aroma:

Geschmack-Gesamt: *   **   ***   ****   *****

Aroma-Gesamt: *   **   ***   ****   *****

Stärke: O leicht   O mittel   O stärker   O sehr stark

GESAMTBEWERTUNG:

Eigenbewertung: *   **   ***   ****   *****

Eigen 2:   *   **   ***   ****   *****

Preis/Leistung: *   **   ***   ****   *****

MEIN URTEIL:

BAUCHBINDE

ZIGARRENMARKE: ....

FORMAT: ....

PREIS: ....

LAND: ....

VERARBEITUNG: *   **   ***   ****   *****

                    O Longfiller O Shortfiller   O ....

Zugverhalten: *   **   ***   ****   *****

Geschmack / Aroma:

Geschmack-Gesamt: *   **   ***   ****   *****

Aroma-Gesamt: *   **   ***   ****   *****

Stärke: O leicht   O mittel   O stärker   O sehr stark

GESAMTBEWERTUNG:

Eigenbewertung: *   **   ***   ****   *****

Eigen 2:   *   **   ***   ****   *****

Preis/Leistung: *   **   ***   ****   *****

MEIN URTEIL:

BAUCHBINDE

ZIGARRENMARKE: ....

FORMAT: ....

PREIS: ....

LAND: ....

VERARBEITUNG: *   **   ***   ****   *****

                       O Longfiller O Shortfiller   O ....

Zugverhalten: *   **   ***   ****   *****

Geschmack / Aroma:

Geschmack-Gesamt: *   **   ***   ****   *****

Aroma-Gesamt: *   **   ***   ****   *****

Stärke: O leicht   O mittel   O stärker   O sehr stark

GESAMTBEWERTUNG:

Eigenbewertung: *   **   ***   ****   *****

Eigen 2:   *   **   ***   ****   *****

Preis/Leistung: *   **   ***   ****   *****

MEIN URTEIL:

BAUCHBINDE

ZIGARRENMARKE: ....

FORMAT: ....

PREIS: ....

LAND: ....

VERARBEITUNG: *   **   ***   ****   *****

                      O Longfiller O Shortfiller   O ....

Zugverhalten: *   **   ***   ****   *****

Geschmack / Aroma:

Geschmack-Gesamt: *   **   ***   ****   *****

Aroma-Gesamt: *   **   ***   ****   *****

Stärke: O leicht   O mittel   O stärker   O sehr stark

GESAMTBEWERTUNG:

Eigenbewertung: *   **   ***   ****   *****

Eigen 2:   *   **   ***   ****   *****

Preis/Leistung: *   **   ***   ****   *****

MEIN URTEIL:

BAUCHBINDE

ZIGARRENMARKE: ....

FORMAT: ....

PREIS: ....

LAND: ....

VERARBEITUNG: *   **   ***   ****   *****

                  O Longfiller O Shortfiller   O ....

Zugverhalten: *   **   ***   ****   *****

Geschmack / Aroma:

Geschmack-Gesamt: *   **   ***   ****   *****

Aroma-Gesamt: *   **   ***   ****   *****

Stärke: O leicht   O mittel   O stärker   O sehr stark

GESAMTBEWERTUNG:

Eigenbewertung: *   **   ***   ****   *****

Eigen 2:   *   **   ***   ****   *****

Preis/Leistung: *   **   ***   ****   *****

MEIN URTEIL:

BAUCHBINDE

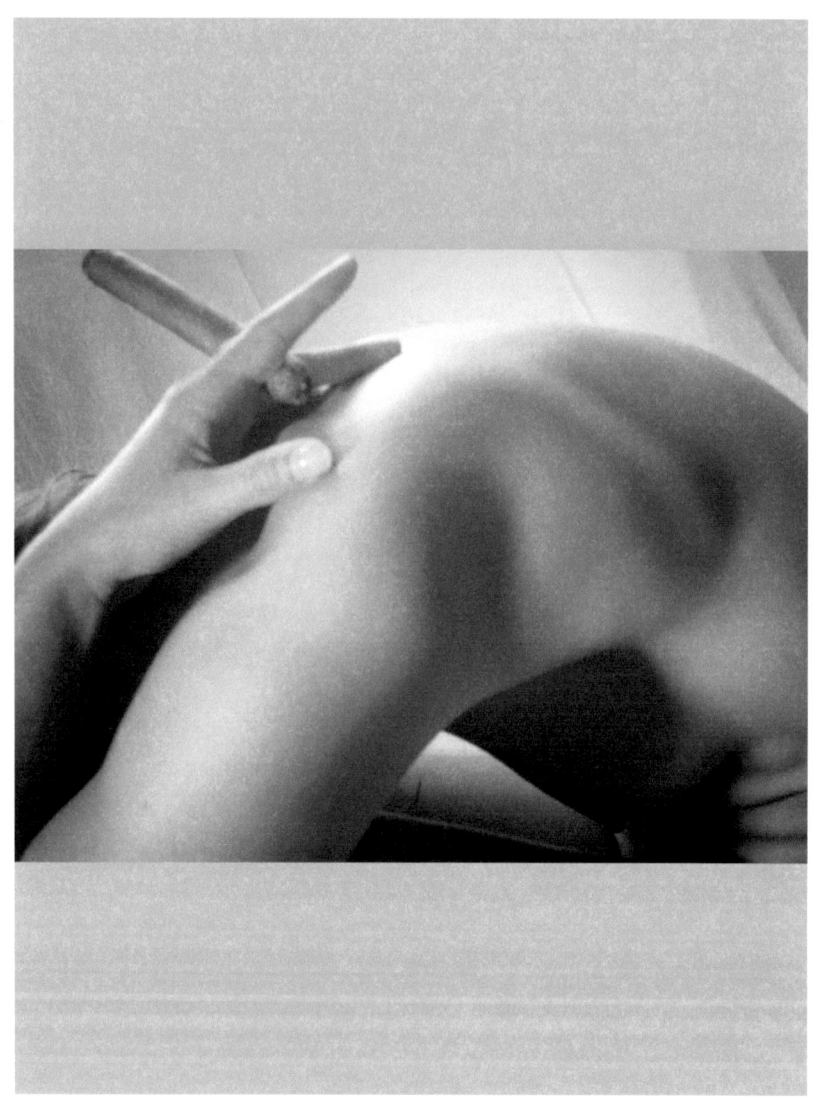

ZIGARRENMARKE: ....

FORMAT: ....

PREIS: ....

LAND: ....

VERARBEITUNG: *   **   ***   ****   *****

                       O Longfiller O Shortfiller   O ....

Zugverhalten: *   **   ***   ****   *****

Geschmack / Aroma:

Geschmack-Gesamt: *   **   ***   ****   *****

Aroma-Gesamt: *   **   ***   ****   *****

Stärke: O leicht   O mittel   O stärker   O sehr stark

GESAMTBEWERTUNG:

Eigenbewertung: *   **   ***   ****   *****

Eigen 2:   *   **   ***   ****   *****

Preis/Leistung: *   **   ***   ****   *****

MEIN URTEIL:

BAUCHBINDE

ZIGARRENMARKE: ....

FORMAT: ....

PREIS: ....

LAND: ....

VERARBEITUNG: * ** *** **** *****

O Longfiller O Shortfiller   O ....

Zugverhalten: * ** *** **** *****

Geschmack / Aroma:

Geschmack-Gesamt: * ** *** **** *****

Aroma-Gesamt: * ** *** **** *****

Stärke: O leicht O mittel O stärker O sehr stark

GESAMTBEWERTUNG:

Eigenbewertung: * ** *** **** *****

Eigen 2: * ** *** **** *****

Preis/Leistung: * ** *** **** *****

MEIN URTEIL:

BAUCHBINDE

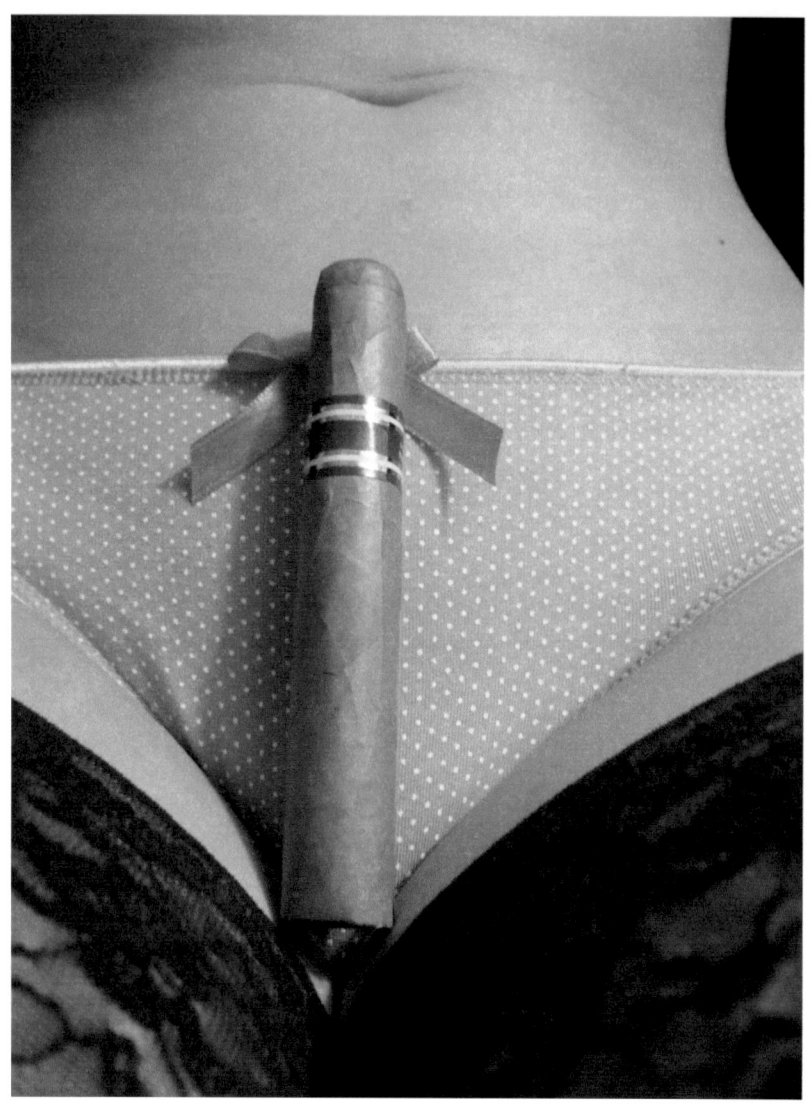

ZIGARRENMARKE: ....

FORMAT: ....

PREIS:..

LAND: ....

VERARBEITUNG: *   **   ***   ****   *****

O Longfiller O Shortfiller   O ....

Zugverhalten: *   **   ***   ****   *****

Geschmack / Aroma:

Geschmack-Gesamt: *   **   ***   ****   *****

Aroma-Gesamt: *   **   ***   ****   *****

Stärke: O leicht   O mittel   O stärker   O sehr stark

GESAMTBEWERTUNG:

Eigenbewertung: *   **   ***   ****   *****

Eigen 2:   *   **   ***   ****   *****

Preis/Leistung: *   **   ***   ****   *****

MEIN URTEIL:

BAUCHBINDE

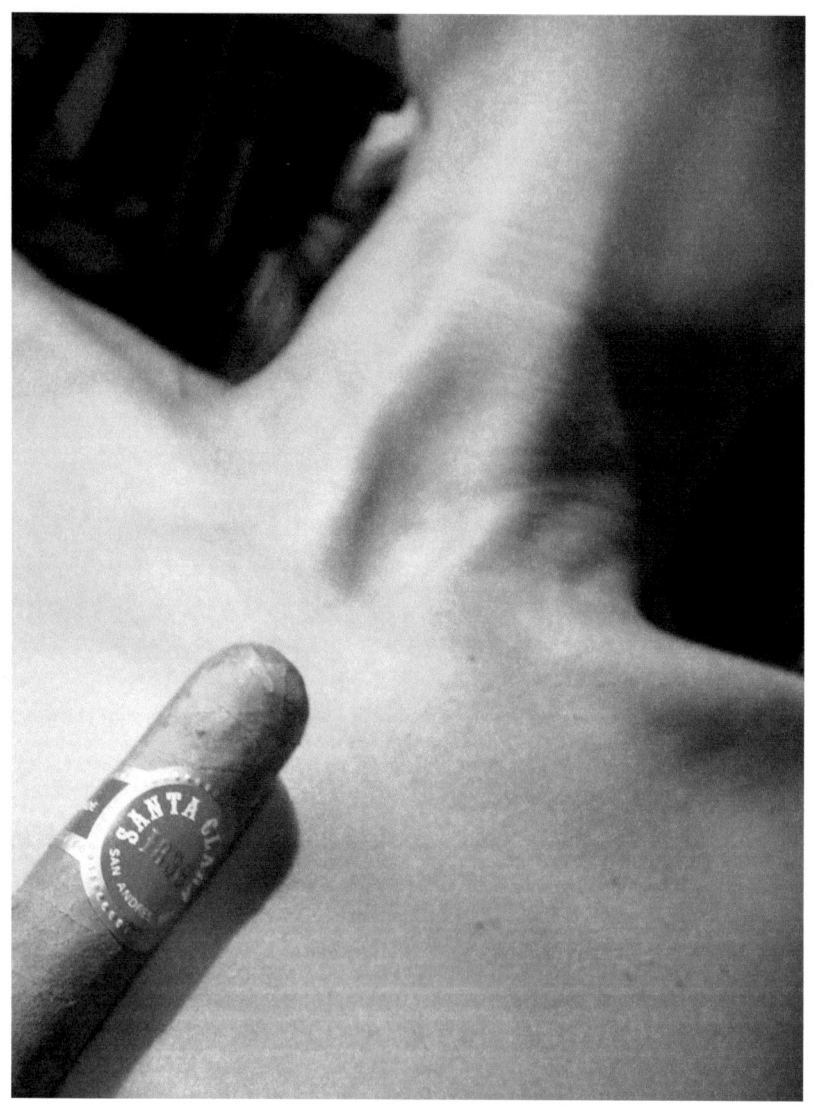

ZIGARRENMARKE: ....

FORMAT: ....

PREIS:..

LAND: ....

VERARBEITUNG: *   **   ***   ****   *****

                  O Longfiller O Shortfiller   O ....

Zugverhalten: *   **   ***   ****   *****

Geschmack / Aroma:

Geschmack-Gesamt: *   **   ***   ****   *****

Aroma-Gesamt: *   **   ***   ****   *****

Stärke: O leicht   O mittel   O stärker   O sehr stark

GESAMTBEWERTUNG:

Eigenbewertung: *   **   ***   ****   *****

Eigen 2:   *   **   ***   ****   *****

Preis/Leistung: *   **   ***   ****   *****

MEIN URTEIL:

BAUCHBINDE

ZIGARRENMARKE: ....

FORMAT: ....

PREIS: ....

LAND: ....

VERARBEITUNG: *   **   ***   ****   *****

O Longfiller O Shortfiller   O ....

Zugverhalten: *   **   ***   ****   *****

Geschmack / Aroma:

Geschmack-Gesamt: *   **   ***   ****   *****

Aroma-Gesamt: *   **   ***   ****   *****

Stärke: O leicht   O mittel   O stärker   O sehr stark

GESAMTBEWERTUNG:

Eigenbewertung: *   **   ***   ****   *****

Eigen 2:   *   **   ***   ****   *****

Preis/Leistung: *   **   ***   ****   *****

MEIN URTEIL:

BAUCHBINDE

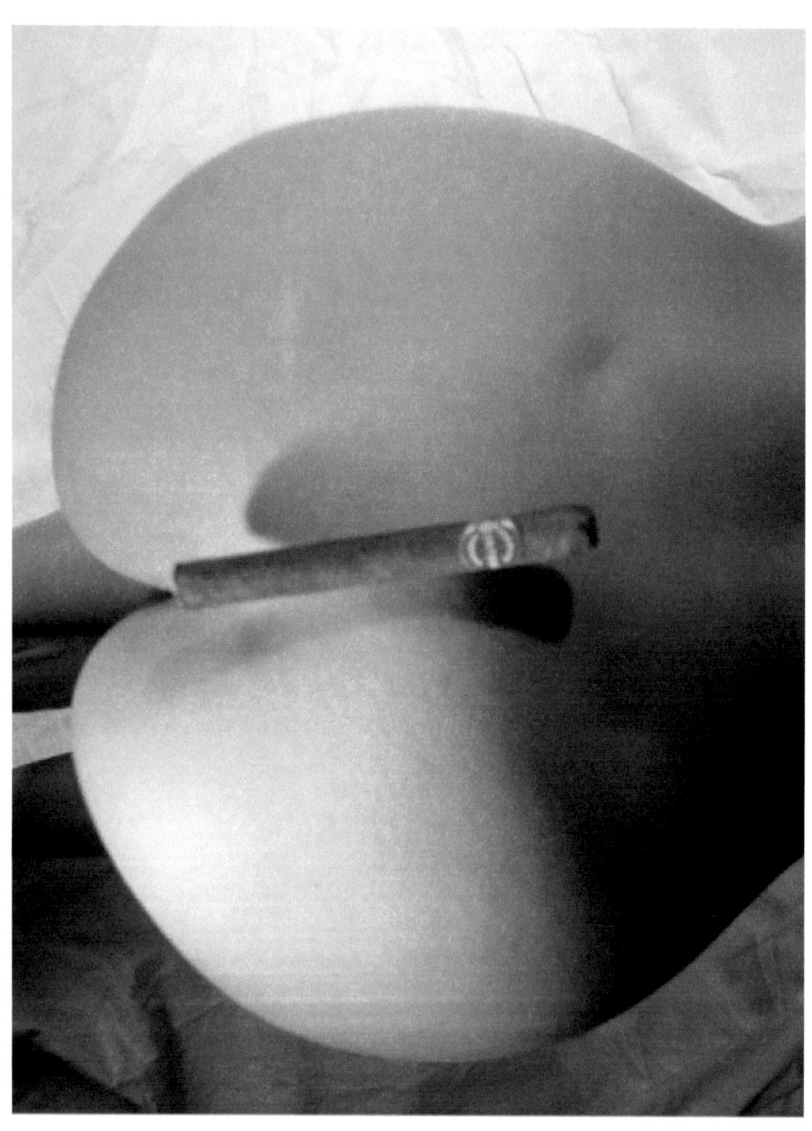

ZIGARRENMARKE: ....

FORMAT: ....

PREIS: ....

LAND: ....

VERARBEITUNG: *   **   ***   ****   *****

O Longfiller   O Shortfiller   O ....

Zugverhalten: *   **   ***   ****   *****

Geschmack / Aroma:

Geschmack-Gesamt: *   **   ***   ****   *****

Aroma-Gesamt: *   **   ***   ****   *****

Stärke: O leicht   O mittel   O stärker   O sehr stark

GESAMTBEWERTUNG:

Eigenbewertung: *   **   ***   ****   *****

Eigen 2:   *   **   ***   ****   *****

Preis/Leistung: *   **   ***   ****   *****

MEIN URTEIL:

BAUCHBINDE

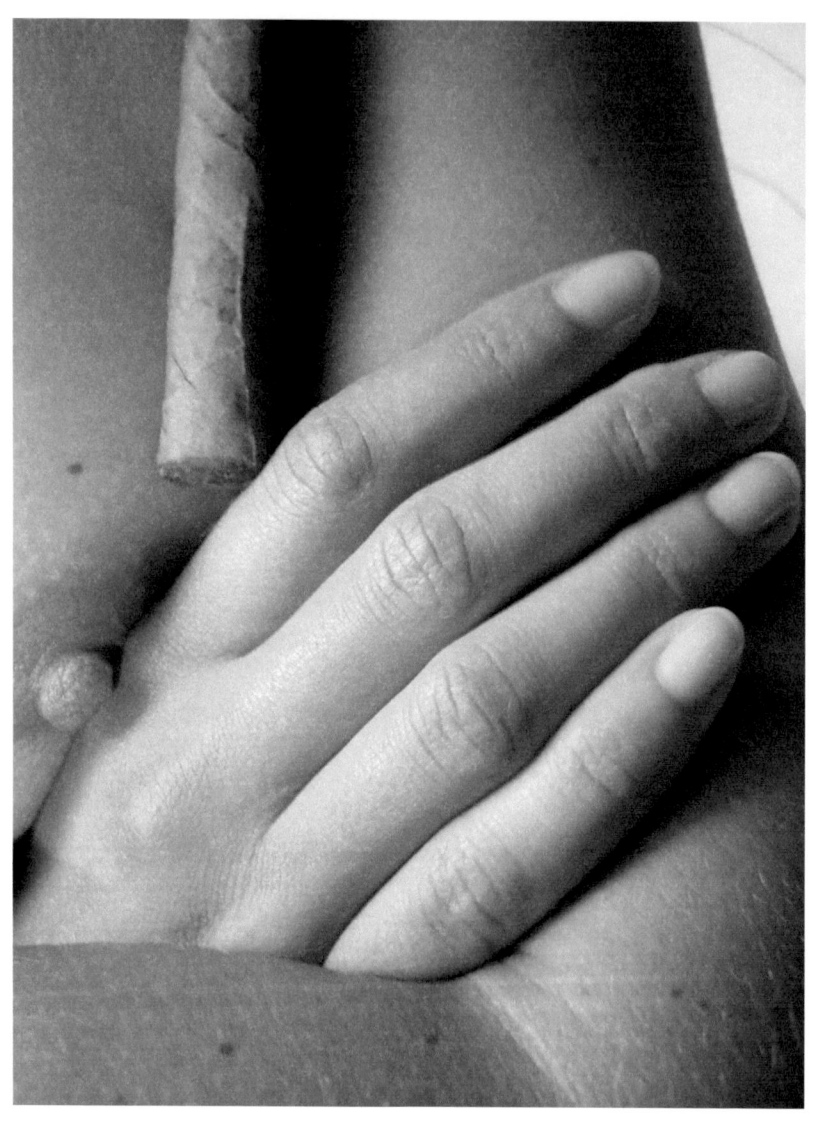

ZIGARRENMARKE: ....

FORMAT: ....

PREIS: ....

LAND: ....

VERARBEITUNG: *   **   ***   ****   *****

                        O Longfiller   O Shortfiller   O ....

Zugverhalten: *   **   ***   ****   *****

Geschmack / Aroma:

Geschmack-Gesamt: *   **   ***   ****   *****

Aroma-Gesamt: *   **   ***   ****   *****

Stärke: O leicht   O mittel   O stärker   O sehr stark

GESAMTBEWERTUNG:

Eigenbewertung: *   **   ***   ****   *****

Eigen 2:   *   **   ***   ****   *****

Preis/Leistung: *   **   ***   ****   *****

MEIN URTEIL:

BAUCHBINDE

ZIGARRENMARKE: ....

FORMAT: ....

PREIS: ....

LAND: ....

VERARBEITUNG: *   **   ***   ****   *****

　　　　　　　　　O Longfiller O Shortfiller   O ....

Zugverhalten: *   **   ***   ****   *****

Geschmack / Aroma:

Geschmack-Gesamt: *   **   ***   ****   *****

Aroma-Gesamt: *   **   ***   ****   *****

Stärke: O leicht   O mittel   O stärker   O sehr stark

GESAMTBEWERTUNG:

Eigenbewertung: *   **   ***   ****   *****

Eigen 2:   *   **   ***   ****   *****

Preis/Leistung: *   **   ***   ****   *****

MEIN URTEIL:

BAUCHBINDE

ZIGARRENMARKE: ....

FORMAT: ....

PREIS: ....

LAND: ....

VERARBEITUNG: *   **   ***   ****   *****

                 O Longfiller O Shortfiller   O ....

Zugverhalten: *   **   ***   ****   *****

Geschmack / Aroma:

Geschmack-Gesamt: *   **   ***   ****   *****

Aroma-Gesamt: *   **   ***   ****   *****

Stärke: O leicht   O mittel   O stärker   O sehr stark

GESAMTBEWERTUNG:

Eigenbewertung: *   **   ***   ****   *****

Eigen 2:   *   **   ***   ****   *****

Preis/Leistung: *   **   ***   ****   *****

MEIN URTEIL:

BAUCHBINDE

ZIGARRENMARKE: ....

FORMAT: ....

PREIS: ....

LAND: ....

VERARBEITUNG: *   **   ***   ****   *****

O Longfiller O Shortfiller   O ....

Zugverhalten: *   **   ***   ****   *****

Geschmack / Aroma:

Geschmack-Gesamt: *   **   ***   ****   *****

Aroma-Gesamt: *   **   ***   ****   *****

Stärke: O leicht   O mittel   O stärker   O sehr stark

GESAMTBEWERTUNG:

Eigenbewertung: *   **   ***   ****   *****

Eigen 2:   *   **   ***   ****   *****

Preis/Leistung: *   **   ***   ****   *****

MEIN URTEIL:

BAUCHBINDE

ZIGARRENMARKE: ....

FORMAT: ....

PREIS:..

LAND: ....

VERARBEITUNG: *   **   ***   ****   *****

                  O Longfiller O Shortfiller   O ....

Zugverhalten: *   **   ***   ****   *****

Geschmack / Aroma:

Geschmack-Gesamt: *   **   ***   ****   *****

Aroma-Gesamt: *   **   ***   ****   *****

Stärke: O leicht   O mittel   O stärker   O sehr stark

GESAMTBEWERTUNG:

Eigenbewertung: *   **   ***   ****   *****

Eigen 2:   *   **   ***   ****   *****

Preis/Leistung: *   **   ***   ****   *****

MEIN URTEIL:

BAUCHBINDE

ZIGARRENMARKE: ....

FORMAT: ....

PREIS:...

LAND: ....

VERARBEITUNG: *   **   ***   ****   *****

O Longfiller O Shortfiller   O ....

Zugverhalten: *   **   ***   ****   *****

Geschmack / Aroma:

Geschmack-Gesamt: *   **   ***   ****   *****

Aroma-Gesamt: *   **   ***   ****   *****

Stärke: O leicht   O mittel   O stärker   O sehr stark

GESAMTBEWERTUNG:

Eigenbewertung: *   **   ***   ****   *****

Eigen 2:   *   **   ***   ****   *****

Preis/Leistung: *   **   ***   ****   *****

MEIN URTEIL:

BAUCHBINDE

ZIGARRENMARKE: ....

FORMAT: ....

PREIS: ....

LAND: ....

VERARBEITUNG: *   **   ***   ****   *****

O Longfiller O Shortfiller   O ....

Zugverhalten: *   **   ***   ****   *****

Geschmack / Aroma:

Geschmack-Gesamt: *   **   ***   ****   *****

Aroma-Gesamt: *   **   ***   ****   *****

Stärke: O leicht   O mittel   O stärker   O sehr stark

GESAMTBEWERTUNG:

Eigenbewertung: *   **   ***   ****   *****

Eigen 2:   *   **   ***   ****   *****

Preis/Leistung: *   **   ***   ****   *****

MEIN URTEIL:

BAUCHBINDE

ZIGARRENMARKE: ....

FORMAT: ....

PREIS:...

LAND: ....

VERARBEITUNG: *   **   ***   ****   *****

O Longfiller O Shortfiller   O ....

Zugverhalten: *   **   ***   ****   *****

Geschmack / Aroma:

Geschmack-Gesamt: *   **   ***   ****   *****

Aroma-Gesamt: *   **   ***   ****   *****

Stärke: O leicht   O mittel   O stärker   O sehr stark

GESAMTBEWERTUNG:

Eigenbewertung: *   **   ***   ****   *****

Eigen 2:   *   **   ***   ****   *****

Preis/Leistung: *   **   ***   ****   *****

MEIN URTEIL:

BAUCHBINDE

ZIGARRENMARKE: ....

FORMAT: ....

PREIS: ....

LAND: ....

VERARBEITUNG: *   **   ***   ****   *****

               O Longfiller O Shortfiller   O ....

Zugverhalten: *   **   ***   ****   *****

Geschmack / Aroma:

Geschmack-Gesamt: *   **   ***   ****   *****

Aroma-Gesamt: *   **   ***   ****   *****

Stärke: O leicht   O mittel   O stärker   O sehr stark

GESAMTBEWERTUNG:

Eigenbewertung: *   **   ***   ****   *****

Eigen 2:   *   **   ***   ****   *****

Preis/Leistung: *   **   ***   ****   *****

MEIN URTEIL:

BAUCHBINDE

ZIGARRENMARKE: ....

FORMAT: ....

PREIS: ....

LAND: ....

VERARBEITUNG: *   **   ***   ****   *****

                    O Longfiller O Shortfiller   O ....

Zugverhalten: *   **   ***   ****   *****

Geschmack / Aroma:

Geschmack-Gesamt: *   **   ***   ****   *****

Aroma-Gesamt: *   **   ***   ****   *****

Stärke: O leicht   O mittel   O stärker   O sehr stark

GESAMTBEWERTUNG:

Eigenbewertung: *   **   ***   ****   *****

Eigen 2:   *   **   ***   ****   *****

Preis/Leistung: *   **   ***   ****   *****

MEIN URTEIL:

BAUCHBINDE

ZIGARRENMARKE: ....

FORMAT: ....

PREIS:...

LAND: ....

VERARBEITUNG: *   **   ***   ****   *****

               O Longfiller O Shortfiller   O ....

Zugverhalten: *   **   ***   ****   *****

Geschmack / Aroma:

Geschmack-Gesamt: *   **   ***   ****   *****

Aroma-Gesamt: *   **   ***   ****   *****

Stärke: O leicht   O mittel   O stärker   O sehr stark

GESAMTBEWERTUNG:

Eigenbewertung: *   **   ***   ****   *****

Eigen 2:   *   **   ***   ****   *****

Preis/Leistung: *   **   ***   ****   *****

MEIN URTEIL:

BAUCHBINDE

ZIGARRENMARKE: ....

FORMAT: ....

PREIS:...

LAND: ....

VERARBEITUNG: *   **   ***   ****   *****

O Longfiller O Shortfiller   O ....

Zugverhalten: *   **   ***   ****   *****

Geschmack / Aroma:

Geschmack-Gesamt: *   **   ***   ****   *****

Aroma-Gesamt: *   **   ***   ****   *****

Stärke: O leicht   O mittel   O stärker   O sehr stark

GESAMTBEWERTUNG:

Eigenbewertung: *   **   ***   ****   *****

Eigen 2:   *   **   ***   ****   *****

Preis/Leistung: *   **   ***   ****   *****

MEIN URTEIL:

BAUCHBINDE

ZIGARRENMARKE: ....

FORMAT: ....

PREIS: ....

LAND: ....

VERARBEITUNG: *   **   ***   ****   *****

O Longfiller   O Shortfiller   O ....

Zugverhalten: *   **   ***   ****   *****

Geschmack / Aroma:

Geschmack-Gesamt: *   **   ***   ****   *****

Aroma-Gesamt: *   **   ***   ****   *****

Stärke: O leicht   O mittel   O stärker   O sehr stark

GESAMTBEWERTUNG:

Eigenbewertung: *   **   ***   ****   *****

Eigen 2:   *   **   ***   ****   *****

Preis/Leistung: *   **   ***   ****   *****

MEIN URTEIL:

BAUCHBINDE

ZIGARRENMARKE: ....

FORMAT: ....

PREIS: ....

LAND: ....

VERARBEITUNG: *   **   ***   ****   *****

               O Longfiller O Shortfiller   O ....

Zugverhalten: *   **   ***   ****   *****

Geschmack / Aroma:

Geschmack-Gesamt: *   **   ***   ****   *****

Aroma-Gesamt: *   **   ***   ****   *****

Stärke: O leicht   O mittel   O stärker   O sehr stark

GESAMTBEWERTUNG:

Eigenbewertung: *   **   ***   ****   *****

Eigen 2:   *   **   ***   ****   *****

Preis/Leistung: *   **   ***   ****   *****

MEIN URTEIL:

BAUCHBINDE

ZIGARRENMARKE: ....

FORMAT: ....

PREIS:...

LAND: ....

VERARBEITUNG: *   **   ***   ****   *****

                    O Longfiller O Shortfiller   O ....

Zugverhalten: *   **   ***   ****   *****

Geschmack / Aroma:

Geschmack-Gesamt: *   **   ***   ****   *****

Aroma-Gesamt: *   **   ***   ****   *****

Stärke: O leicht   O mittel   O stärker   O sehr stark

GESAMTBEWERTUNG:

Eigenbewertung: *   **   ***   ****   *****

Eigen 2:   *   **   ***   ****   *****

Preis/Leistung: *   **   ***   ****   *****

MEIN URTEIL:

BAUCHBINDE

ZIGARRENMARKE: ....

FORMAT: ....

PREIS: ....

LAND: ....

VERARBEITUNG: *   **   ***   ****   *****

                    O Longfiller O Shortfiller   O ....

Zugverhalten: *   **   ***   ****   *****

Geschmack / Aroma:

Geschmack-Gesamt: *   **   ***   ****   *****

Aroma-Gesamt: *   **   ***   ****   *****

Stärke: O leicht   O mittel   O stärker   O sehr stark

GESAMTBEWERTUNG:

Eigenbewertung: *   **   ***   ****   *****

Eigen 2:   *   **   ***   ****   *****

Preis/Leistung: *   **   ***   ****   *****

MEIN URTEIL:

BAUCHBINDE

ZIGARRENMARKE: ....

FORMAT: ....

PREIS: ....

LAND: ....

VERARBEITUNG: *   **   ***   ****   *****

                       O Longfiller O Shortfiller   O ....

Zugverhalten: *   **   ***   ****   *****

Geschmack / Aroma:

Geschmack-Gesamt: *   **   ***   ****   *****

Aroma-Gesamt: *   **   ***   ****   *****

Stärke: O leicht   O mittel   O stärker   O sehr stark

GESAMTBEWERTUNG:

Eigenbewertung: *   **   ***   ****   *****

Eigen 2:   *   **   ***   ****   *****

Preis/Leistung: *   **   ***   ****   *****

MEIN URTEIL:

BAUCHBINDE

ZIGARRENMARKE: ....

FORMAT: ....

PREIS:...

LAND: ....

VERARBEITUNG: *   **   ***   ****   *****

O Longfiller O Shortfiller   O ....

Zugverhalten: *   **   ***   ****   *****

Geschmack / Aroma:

Geschmack-Gesamt: *   **   ***   ****   *****

Aroma-Gesamt: *   **   ***   ****   *****

Stärke: O leicht   O mittel   O stärker   O sehr stark

GESAMTBEWERTUNG:

Eigenbewertung: *   **   ***   ****   *****

Eigen 2:   *   **   ***   ****   *****

Preis/Leistung: *   **   ***   ****   *****

MEIN URTEIL:

BAUCHBINDE

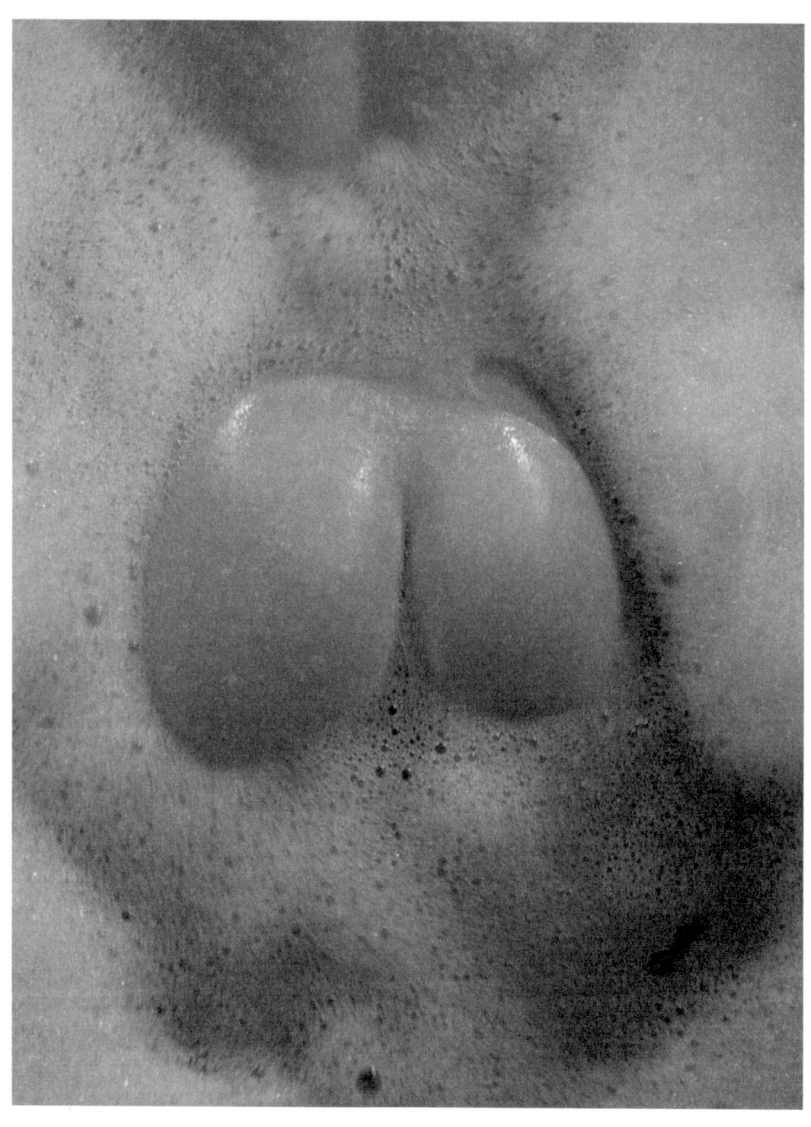

ZIGARRENMARKE: ....

FORMAT: ....

PREIS: ....

LAND: ....

VERARBEITUNG: *   **   ***   ****   *****

O Longfiller O Shortfiller   O ....

Zugverhalten: *   **   ***   ****   *****

Geschmack / Aroma:

Geschmack-Gesamt: *   **   ***   ****   *****

Aroma-Gesamt: *   **   ***   ****   *****

Stärke: O leicht   O mittel   O stärker   O sehr stark

GESAMTBEWERTUNG:

Eigenbewertung: *   **   ***   ****   *****

Eigen 2:   *   **   ***   ****   *****

Preis/Leistung: *   **   ***   ****   *****

MEIN URTEIL:

BAUCHBINDE

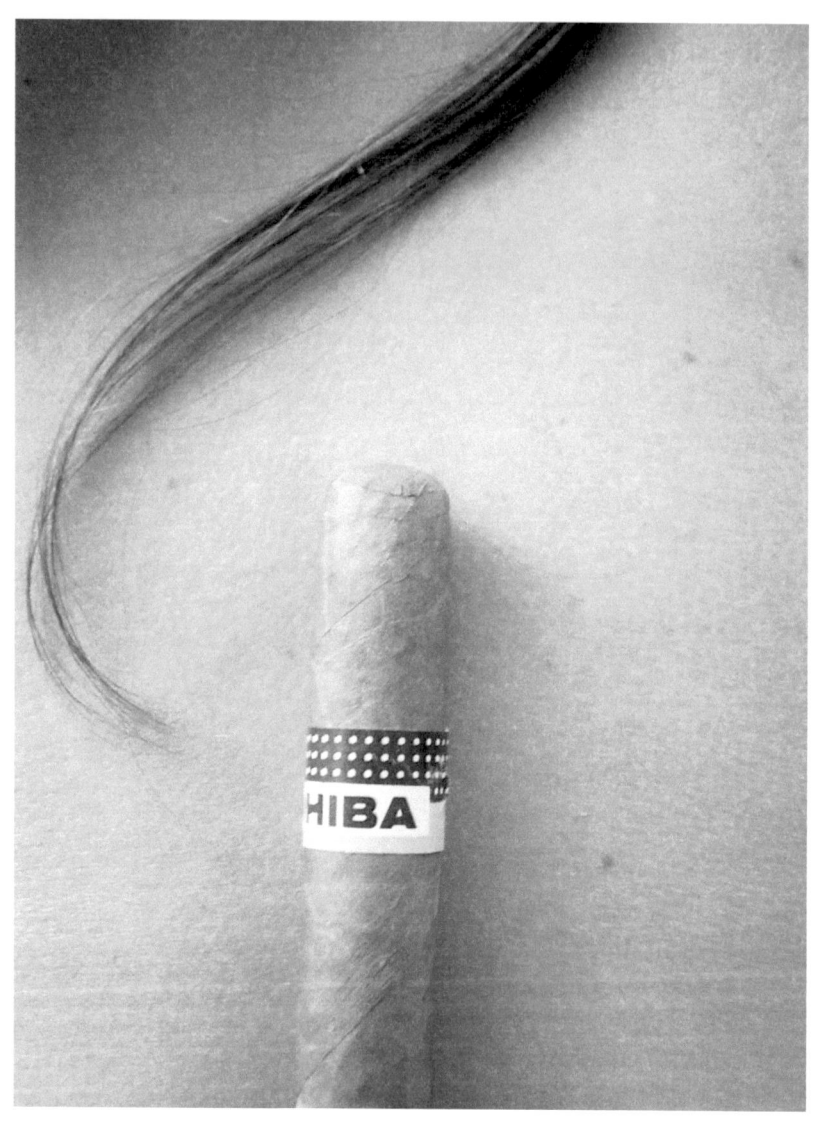

ZIGARRENMARKE: ....

FORMAT: ....

PREIS: ....

LAND: ....

VERARBEITUNG: *   **   ***   ****   *****

                O Longfiller   O Shortfiller   O ....

Zugverhalten: *   **   ***   ****   *****

Geschmack / Aroma:

Geschmack-Gesamt: *   **   ***   ****   *****

Aroma-Gesamt: *   **   ***   ****   *****

Stärke: O leicht   O mittel   O stärker   O sehr stark

GESAMTBEWERTUNG:

Eigenbewertung: *   **   ***   ****   *****

Eigen 2:   *   **   ***   ****   *****

Preis/Leistung: *   **   ***   ****   *****

MEIN URTEIL:

BAUCHBINDE

ZIGARRENMARKE: ....

FORMAT: ....

PREIS: ....

LAND: ....

VERARBEITUNG: *   **   ***   ****   *****

              O Longfiller O Shortfiller   O ....

Zugverhalten: *   **   ***   ****   *****

Geschmack / Aroma:

Geschmack-Gesamt: *   **   ***   ****   *****

Aroma-Gesamt: *   **   ***   ****   *****

Stärke: O leicht   O mittel   O stärker   O sehr stark

GESAMTBEWERTUNG:

Eigenbewertung: *   **   ***   ****   *****

Eigen 2:   *   **   ***   ****   *****

Preis/Leistung: *   **   ***   ****   *****

MEIN URTEIL:

BAUCHBINDE

ZIGARRENMARKE: ....

FORMAT: ....

PREIS: ....

LAND: ....

VERARBEITUNG: *   **   ***   ****   *****

                    O Longfiller O Shortfiller   O ....

Zugverhalten: *   **   ***   ****   *****

Geschmack / Aroma:

Geschmack-Gesamt: *   **   ***   ****   *****

Aroma-Gesamt: *   **   ***   ****   *****

Stärke: O leicht   O mittel   O stärker   O sehr stark

GESAMTBEWERTUNG:

Eigenbewertung: *   **   ***   ****   *****

Eigen 2:   *   **   ***   ****   *****

Preis/Leistung: *   **   ***   ****   *****

MEIN URTEIL:

BAUCHBINDE

ZIGARRENMARKE: ....

FORMAT: ....

PREIS:..

LAND: ....

VERARBEITUNG: *   **   ***   ****   *****

                   O Longfiller O Shortfiller   O ....

Zugverhalten: *   **   ***   ****   *****

Geschmack / Aroma:

Geschmack-Gesamt: *   **   ***   ****   *****

Aroma-Gesamt: *   **   ***   ****   *****

Stärke: O leicht   O mittel   O stärker   O sehr stark

GESAMTBEWERTUNG:

Eigenbewertung: *   **   ***   ****   *****

Eigen 2:   *   **   ***   ****   *****

Preis/Leistung: *   **   ***   ****   *****

MEIN URTEIL:

BAUCHBINDE

ZIGARRENMARKE: ....

FORMAT: ....

PREIS: ....

LAND: ....

VERARBEITUNG: *   **   ***   ****   *****

               O Longfiller O Shortfiller   O ....

Zugverhalten: *   **   ***   ****   *****

Geschmack / Aroma:

Geschmack-Gesamt: *   **   ***   ****   *****

Aroma-Gesamt: *   **   ***   ****   *****

Stärke: O leicht   O mittel   O stärker   O sehr stark

GESAMTBEWERTUNG:

Eigenbewertung: *   **   ***   ****   *****

Eigen 2:   *   **   ***   ****   *****

Preis/Leistung: *   **   ***   ****   *****

MEIN URTEIL:

BAUCHBINDE

ZIGARRENMARKE: ....

FORMAT: ....

PREIS: ....

LAND: ....

VERARBEITUNG: *   **   ***   ****   *****

                  O Longfiller O Shortfiller   O ....

Zugverhalten: *   **   ***   ****   *****

Geschmack / Aroma:

Geschmack-Gesamt: *   **   ***   ****   *****

Aroma-Gesamt: *   **   ***   ****   *****

Stärke: O leicht   O mittel   O stärker   O sehr stark

GESAMTBEWERTUNG:

Eigenbewertung: *   **   ***   ****   *****

Eigen 2:   *   **   ***   ****   *****

Preis/Leistung: *   **   ***   ****   *****

MEIN URTEIL:

BAUCHBINDE

ZIGARRENMARKE: ....

FORMAT: ....

PREIS: ....

LAND: ....

VERARBEITUNG: *   **   ***   ****   *****

O Longfiller O Shortfiller   O ....

Zugverhalten: *   **   ***   ****   *****

Geschmack / Aroma:

Geschmack-Gesamt: *   **   ***   ****   *****

Aroma-Gesamt: *   **   ***   ****   *****

Stärke: O leicht   O mittel   O stärker   O sehr stark

GESAMTBEWERTUNG:

Eigenbewertung: *   **   ***   ****   *****

Eigen 2:   *   **   ***   ****   *****

Preis/Leistung: *   **   ***   ****   *****

MEIN URTEIL:

BAUCHBINDE

ZIGARRENMARKE: ....

FORMAT: ....

PREIS: ....

LAND: ....

VERARBEITUNG: *   **   ***   ****   *****

             O Longfiller O Shortfiller   O ....

Zugverhalten: *   **   ***   ****   *****

Geschmack / Aroma:

Geschmack-Gesamt: *   **   ***   ****   *****

Aroma-Gesamt: *   **   ***   ****   *****

Stärke: O leicht   O mittel   O stärker   O sehr stark

GESAMTBEWERTUNG:

Eigenbewertung: *   **   ***   ****   *****

Eigen 2:   *   **   ***   ****   *****

Preis/Leistung: *   **   ***   ****   *****

MEIN URTEIL:

BAUCHBINDE

ZIGARRENMARKE: ....

FORMAT: ....

PREIS: ....

LAND: ....

VERARBEITUNG: *   **   ***   ****   *****

                         O Longfiller O Shortfiller   O ....

Zugverhalten: *   **   ***   ****   *****

Geschmack / Aroma:

Geschmack-Gesamt: *   **   ***   ****   *****

Aroma-Gesamt: *   **   ***   ****   *****

Stärke: O leicht   O mittel   O stärker   O sehr stark

GESAMTBEWERTUNG:

Eigenbewertung: *   **   ***   ****   *****

Eigen 2:   *   **   ***   ****   *****

Preis/Leistung: *   **   ***   ****   *****

MEIN URTEIL:

BAUCHBINDE

ZIGARRENMARKE: ....

FORMAT: ....

PREIS: ....

LAND: ....

VERARBEITUNG: *   **   ***   ****   *****

        O Longfiller   O Shortfiller   O ....

Zugverhalten: *   **   ***   ****   *****

Geschmack / Aroma:

Geschmack-Gesamt: *   **   ***   ****   *****

Aroma-Gesamt: *   **   ***   ****   *****

Stärke: O leicht   O mittel   O stärker   O sehr stark

GESAMTBEWERTUNG:

Eigenbewertung: *   **   ***   ****   *****

Eigen 2:   *   **   ***   ****   *****

Preis/Leistung: *   **   ***   ****   *****

MEIN URTEIL:

BAUCHBINDE

LITERATURNACHWEIS

Aus folgenden Werken wurden Formulierungen und kurze Zitate übernommen – danke den Autoren und Verlagen:

Rauchzeichen Brevier zur Havanna (Chemnitzer Verlag)	Rainer Klis
Zigarren-Brevier (Neff-Verlag Wien)	Zino Davidoff
Zigarren (Heyne Verlag München)	Anwer Bati
Cigar Aficionado's Zigarren (ars edition)	M. R. Shanken
European Cigar Journal (Falstaff Verlags GmbH)	Dr. Helmut Romé

Bücher von Alois Gmeiner

FIGURALE HUMIDORE DES 19. UND 20. JAHRHUNDERTS - Band 1:
Die schönsten Humidoren in Form von Menschen Figuren
(2010, Verlag Books on Demand, ISBN: 978-3839151655)

FIGURALE HUMIDORE DES 19. UND 20. JAHRHUNDERTS - Band 2:
Die schönsten Humidore in Form von Tierfiguren und Köpfen
(2010, Verlag Books on Demand, ISBN: 978-3839164617)

KÄSEGOURMET SAMMLER-BUCH
Was schmeckt entscheiden Sie!
(2003, Verlag Books On Demand, ISBN: 978-3833000669)
Wer dem Käse verfallen ist, der versucht es mit diesem Buch!
Ebenfalls mit vielen Sammel- und Bewertungsseiten.

BRIEFMARKEN SEXY
Briefmarkensammeln kann so sinnlich sein
(2011, Verlag Books On Demand, ISBN: 9783844810004)

DIE EROTIK DER ZIGARRE
Männerträume von Zigarrenrauch und sinnlichen Frauen
(2011, Verlag Books On Demand, ISBN: 9783844809060)

www.ideenmanufaktur.info